华西医学大系

解读“华西现象”

讲述华西故事

展示华西成果

公立医院党支部建设的理论与实践

GONGLI YIYUAN DANGZHIBU JIANSHE DE LILUN YU SHIJIAN

主　编　姜　洁
副主编　郭　佳　李锴科

四川科学技术出版社
· 成都 ·

图书在版编目（CIP）数据

公立医院党支部建设的理论与实践/姜洁主编；郭佳，李锴科副主编. -- 成都：四川科学技术出版社，2022.12

ISBN 978-7-5727-0763-6

Ⅰ.①公… Ⅱ.①姜… ②郭… ③李… Ⅲ.①中国共产党－医院－党支部－党的建设－案例－成都 Ⅳ.①D267.6

中国版本图书馆CIP数据核字(2022)第239564号

公立医院党支部建设的理论与实践

主　编　姜　洁
副主编　郭　佳　李锴科

出 品 人　程佳月
责任编辑　周美池
封面设计　经典记忆
版式设计　大　路
责任出版　欧晓春
出版发行　四川科学技术出版社
地　　址　四川省成都市锦江区三色路238号新华之星A座
　　　　　传真：028-86361756　邮政编码：610023
成品尺寸　156mm×236mm
印　　张　15.75　字　数 360 千　插页 4
印　　刷　成都市金雅迪彩色印刷有限公司
版　　次　2023年4月第 1 版
印　　次　2023年4月第 1 次印刷
定　　价　78.00元
ISBN 978-7-5727-0763-6

邮购：四川省成都市锦江区三色路 238 号新华之星 A 座 25 层
电话：028-86361770　邮政编码：610023

本书编委会

（排名不分先后）

主　编

姜　洁

副主编

郭　佳　李锴科

编　委

姜　洁　郭　佳　李锴科　袁永庆　吴依西

《华西医学大系》总序

由四川大学华西临床医学院/华西医院（简称“华西”）与新华文轩出版传媒股份有限公司（简称“新华文轩”）共同策划、精心打造的《华西医学大系》陆续与读者见面了，这是双方强强联合，共同助力健康中国战略、推动文化大繁荣的重要举措。

百年华西，历经120多年的历史与沉淀，华西人在每一个历史时期均辛勤耕耘，全力奉献。改革开放以来，华西励精图治、奋进创新，坚守“关怀、服务”的理念，遵循“厚德精业、求实创新”的院训，为践行中国特色卫生与健康发展道路，全心全意为人民健康服务做出了积极努力和应有贡献，华西也由此成为了全国一流、世界知名的医（学）院。如何继续传承百年华西文化，如何最大化发挥华西优质医疗资源辐射作用？这是处在新时代站位的华西需要积极思考和探索的问题。

新华文轩，作为我国首家“A+H”出版传媒企业、中国出版发行业排头兵，一直都以传承弘扬中华文明、引领产业发展为使命，以坚持导向、服务人民为己任。进入新时代后，新华文轩提出了坚持精准出版、精细出版、精品出版的“三精”出版发展思路，全心全意为推动我国文化发展与繁荣做出了积极努力和应有贡献。如何充分发挥新华文轩的出版和渠道优势，不断满足人民日益增长的美好生活需要？这是新华文轩一直以来积极思考和探索的问题。

基于上述思考，四川大学华西临床医学院/华西医院与新华文轩出版传媒股份有限公司于2018年4月18日共同签署了战略合作协议，启动了《华西医学大系》出版项目并将其作为双方战略合作的重要方面和旗舰项目，共同向承担《华西医学大系》出版工作的四川科学技术出版社授予了“华西医学出版中心”铭牌。

人民健康是民族昌盛和国家富强的重要标志，没有全民健康，就没有全面小康，医疗卫生服务直接关系人民身体健康。医学出版是医药卫生事业发展的重要组成部分，不断总结医学经验，向学界、社会推广医学成果，普及医学知识，对我国医疗水平的整体提高、对国民健康素养的整体提升均具有重要的推动作用。华西与新华文轩作为国内有影响力的大型医学健康机构与大型文化传媒企业，深入贯彻落实健康中国战略、文化强国战略，积极开展跨界合作，联合打造《华西医学大系》，展示了双方共同助力健康中国战略的开阔视野、务实精神和坚定信心。

华西之所以能够成就中国医学界的“华西现象”，既在于党政同心、齐抓共管，又在于华西始终注重临床、教学、科研、管理这四个方面协调发展、齐头并进。教学是基础，科研是动力，医疗是中心，管理是保障，四者有机结合，使华西人才辈出，临床医疗水平不断提高，科研水平不断提升，管理方法不断创新，核心竞争力不断增强。

《华西医学大系》将全面系统深入展示华西医院在学术研究、临床诊疗、人才建设、管理创新、科学普及、社会贡献等方面的发展成就;是华西医院长期积累的医学知识产权与保护的重大项目，是华西医院品牌建设、文化建设的重大项目，也是讲好“华西故事”、展示“华西人”风采、弘扬“华西精神”的重大项目。

《华西医学大系》主要包括以下子系列：

①《学术精品系列》：总结华西医（学）院取得的学术成果，学术影响力强；②《临床实用技术系列》：主要介绍临床各方面的适宜技术、新技术等，针对性、指导性强；③《医学科普系列》：聚焦百姓最关心的、最迫切需要的医学科普知识，以百姓喜闻乐见的方式呈现；④《医院管理创新系列》：展示华西医（学）院管理改革创新的系列成果，体现华西“厚德精业、求实创新”的院训，探索华西医院管理创新成果的产权保护，推广华西优秀的管理理念；⑤《精准医疗扶贫系列》：包括华西特色智力扶贫的相关内容，旨在提高贫困地区基层医院的临床诊疗水平；⑥《名医名家系列》：展示华西人的医学成就、贡献和风采，弘扬华西精神；⑦《百年华西系列》：聚焦百年华西历史，书写百年华西故事。

我们将以精益求精的精神和持之以恒的毅力精心打造《华西医学大系》,将华西的医学成果转化为出版成果,向西部、全国乃至海外传播，提升我国医疗资源均衡化水平，造福更多的病人，推动我国全民健康事业向更高的层次迈进。

《华西医学大系》编委会

2018 年 7 月

序

党中央、国务院历来高度重视公立医院党的建设工作，特别是党的十八大以来，公立医院充分发挥党组织领导作用，推动公立医院党的建设与业务工作相融合，努力建设患者放心、人民满意的医院，为公立医院的改革发展提供了坚强政治保证。2018年6月，中共中央办公厅印发《关于加强公立医院党的建设工作的意见》（以下简称《意见》），国家卫生健康委党组和各省（自治区、直辖市）相继印发贯彻落实《意见》的实施办法，开启了公立医院全面加强党的建设新的篇章，对全面落实新时代党的卫生与健康工作方针、实施健康中国战略具有十分重要的意义。

党支部是党组织开展工作的基本单元，是党的全部工作和战斗力的基础。党的十八大以来，以习近平同志为核心的党中央高度重视党支部建设，要求把全面从严治党落实到每个支部、每名党员，推动全党形成大抓基层、大抓党支部的良好态势，取得了明显成效。2018年11月，中共中央印发了《中国共产党支部工作条例（试行）》（以下简称《党支部工作条例》），该条例对党支部工作做出全面规范，是加强党支部标准化规范化建设的基本制度依据，是新时代党支部建设的基本遵循。

长期以来，四川大学华西医院以党建工作统领全局，牢固树立“党的一切工作到支部”的鲜明导向，把党支部建设摆在突出位置，坚持把党支部建在科室上，推进党组织和党的工作全覆盖。加强党支部的标准化规范化建设，创新提出华西“支部宝”工作法。大力开展党建研究和实践创新，不断提高党支部建设质量，着力提升党支部的凝聚力和战斗力。深入推进党建与业务深度融合，将党建工作与业务工作、对口帮扶、精准扶贫、医德医风等领域紧密联系，充分发挥党支部战斗堡垒作用和党员先锋模范作用，开创了党建工作和事业发展“同频共振”的良好局面。四川大学华西医院先后获“全国先进基层党组织”“全国党建工作标杆院系”“全国文明单位”等荣誉称号和全国“五一”劳动奖状；在2018、2019连续两年的国家三级公立医院绩效考核等级均为A++，排名全国第二；在中国医学科学院中国医院科技量值（STEM）综合排名中连续第7年位列全国第一；在复旦大学中国最佳医院排行榜上，科研得分连续11年名列全国第一；在Nature Index排行榜上，名列全球第26位，中国第一位；临床医学ESI排名进入全球前1‰。在汶川地震、新冠肺炎疫情防控等历次重大突发应急事件中，四川大学华西医院发挥国家队“中流砥柱”作用，被党中央、国务院和中央军委授予“抗震救灾英雄集体”“全国抗击新冠肺炎疫情先进集体”等荣誉称号。华西党建经验作为国务院建立现代医院管理制度、国家卫生健康委公立医院党建工作的先进典型向全国推广。

写作团队在认真梳理研究党史、公立医院党支部建设史、卫生健康事业发展史的基础上，以习近平新时代中国特色社会主义思想为指导，系统梳理公立医院党支部建设的理论、制度、程序、方法，提炼四川大学华西医院多年来党建工作的实践经验，集结成《公立医院党支部建设的理论与实践》一书。

该书的主要特点如下：一是通篇以习近平新时代中国特色社会主义思想为指导，把党的政治建设摆在首位，以党章和《党支部工作条例》等党内法规为根本依据，确保了全书的政治性；二是查阅、研究了大量文献和历史资料，综合采用多种研究方法，系统梳理了公立医院党支部建设的思想之源、制度演进和实践经验，体现了研究工作的科学性和严谨性；三是把党史、改革开放史同卫生健康事业发展史、公立医院党支部建设史紧密结合，把党的创新理论与公立医院工作实际相结合，为加强和改进公立医院党建工作提供了理论指导、规律遵循和实践启示；四是具有鲜明的华西特色，系统凝练了四川大学华西医院在多年的党建工作中积累的经验和取得的成果，把其中可复制、可推广的模式和方法进行了详细阐述；五是内容设计上突出理论性和实践性，有图、有表、有实例，既可以是一部理论著作，也可以是一部工具书。

2021年是中国共产党成立100周年，该书的编写是把学习党史同总结经验、观照现实、推动工作结合起来的具体举措。党的十九届五中全会开启了全面建设社会主义现代化国家新征程。在新的历史起点上，用习近平新时代中国特色社会主义思想武装头脑、用党的创新理论指导实践，开创新时代公立医院建设新局面是各级公立医院面临的一项重大课题。如何全面加强公立医院党的建设，贯彻新时代党的卫生与健康工作方针，以初心不改的定力、主动求变的勇气，把党的政治领导力、思想引领力、群众组织力和社会号召力转化为引领公立医院高质量发展的核心竞争力，更是一项紧迫的任务。《公立医院党支部建设的理论与实践》一书的编辑和出版，对加强公立医院党支部建设，推进公立医院党支部标准化规范化建设提供了一些借鉴和参考，为公立医院相互之间学习和交流搭建了一个平台。

本书编委会

2021 年 10 月

目　录

第一章

绪 论

改革开放前，我国以占世界总量2%的卫生资源服务于世界1/6的人口，探索出具有中国特色的医疗卫生体制。改革开放后，经过持续不断地努力，我国人均期望寿命、孕产妇死亡率和婴儿死亡率等主要健康指标已提前达到或优于中高等收入国家平均水平；医保覆盖率超过95%，构筑起全球最大的健康维持网络；医疗质量和可及性指数进步幅度居全球第三位，医改成效令人瞩目。

取得成绩的同时，我国医疗卫生体系同样也面临一些挑战。资源总量不足、结构不合理、基层服务能力薄弱、卫生总体投入水平偏低，医改深水区和攻坚期触及更多的深层次矛盾和利益关系调整，这些是难啃的“硬骨头”。2021年5月，国务院办公厅印发《关于推动公立医院高质量发展的意见》，意味着卫生健康供给质量和服务水平将向更高层次发展，人民日益增长的医疗服务需求将能得到更好的满足。我们必须清醒、深刻地认识到，医疗卫生事业的迅速发展，关键在党；医改攻坚克难，关键在党；公立医院高质量发展，关键在党。党支部是党的组织体系建设中的基本单元，是贯彻落实党中央各项决策部署的

“最后一公里”。加强公立医院党支部建设是深入学习习近平新时代中国特色社会主义思想的重要内容，是深化医药卫生体制改革、加强民生建设的重要组成，是现代医院管理制度基层实践的重要抓手，也是党建引领提升基层治理效能、实现全民健康和人们对美好生活向往的必然要求，具有重要的政治意义和实践意义。

一、加强党支部建设是公立医院高质量发展的政治保障

党的十九大报告明确指出：“中国特色社会主义制度的最大优势是中国共产党领导，党是最高政治领导力量”。坚持和加强党的全面领导是推动公立医院高质量发展的政治保障，是落实公益性办院方针的思想基石。

习近平总书记强调，讲政治不是抽象的，不能空喊口号、流于形式，要落实到坚决贯彻党中央决策部署的具体行动上、体现到实际效果上。公立医院党支部作为党组织的最基层细胞，应当始终把政治建设摆在首位，认真贯彻落实党的路线方针政策，宣传、执行上级党组织及本支部决议，用习近平新时代中国特色社会主义思想武装党员头脑、指导实践、推动工作，教育党员增强“四个意识”、坚定“四个自信”、做到“两个维护”；始终坚持旗帜鲜明讲政治，加强政治建设、提高政治能力、强化政治担当，不断提高政治判断力、政治领悟力、政治执行力；始终保证监督公立医院高质量发展正确方向，参与重要决策，服务人才成长，促进事业发展。

二、加强党支部建设是公立医院高质量发展的思想保障

1929年古田会议确立了思想建党这一重要原则，在党的历史和国家发展进程中发挥了不可磨灭的作用。加强党支部建设是中国特色卫生健康事业发展的独特优势。肩负基本医疗服务主体责任的公立医院在推进高质量发展进程中，要实现从“量的积累”到“质的提升”的转

变，必须从党建引领、能力提升、结构优化、创新增效、文化聚力等方面狠下功夫，归根结底需全院上下认识到位、统一思想。

思想是行动的先导，是一切实践活动的灵魂。公立医院党支部通过深入推进“两学一做”学习教育常态化制度化，规范落实“三会一课”制度，严格规范支部主题党日活动，选树身边先进典型等，组织师生开展习近平新时代中国特色社会主义思想学习教育，将思想引领和价值观塑造有机融入到医疗、教学、科研和管理工作中，把师生思想统一到党中央决策部署上来。党支部始终坚持从思想建设发力，使全院师生准确把握公立医院高质量发展的核心要义和本质要求，把保障人民健康放在优先发展的战略位置，坚持基本医疗卫生事业的公益性，聚焦影响人民健康的重大疾病和主要问题，加快实施“健康中国”行动，织牢国家公共卫生防护网，推动公立医院高质量发展，为人民提供全方位、全周期的健康服务。[①]

三、加强党支部建设是公立医院高质量发展的组织基础

国家医药卫生体制改革的深入推进、社会服务需求内涵与外延的扩展、科技发展与行业服务应用的结合，已然对公立医院高质量发展形成强力的倒逼机制。我们党是按照一定组织原则组织起来的有机整体，体现在思想统一、组织统一和行动统一，加强公立医院党支部建设是推进其自身高质量发展的组织保障。

审思近年来医疗卫生行业党支部建设的现状，客观上不同程度地存在着对党建工作认识不到位、责任不到位、考核不到位等问题。一些党务干部对新时代党的建设规律认识不足、研究不透、把握不准，既缺乏参与决策、驾驭全局的能力，也缺乏对职业的认同感和归属感。

①新华社.把保障人民健康放在优先发展的战略位置[EB/OL].（2021-03-07）[2022-09-01]. http://www.xinhuanet.com/comments/2021-03/07/c_1127178165.htm.

习近平总书记在党的群众路线教育实践活动总结大会上指出，坚持从巩固党的执政地位的大局看问题，把抓好党建作为最大的政绩。组织建设的弱化可能导致“健康中国”战略和“质量强国”战略不能很好地落地与生根。必须深刻认识加强公立医院党支部建设的极端重要性，压实压紧党建工作责任制，加快推进党支部标准化规范化建设，确保组织建设与事业发展同步、党支部书记选任培养与事业发展同步、支部工作内容与事业发展同步、党员作用发挥与事业发展同步，提升公立医院攻坚克难高质量发展的组织优势。

四、加强党支部建设是公立医院高质量发展的作风保障

作风建设是党的建设的永恒主题，是实现干部清正、政府清廉、政治清明的必要条件。党的作风关系党的形象，关系党和人民事业的成败，只有大力弘扬党的优良作风，以优良党风促政风带民风，才能形成凝聚党心民心的强大力量，不断把公立医院高质量发展推向深入。

党的十八大以来，党的建设最鲜明的底色就是“严”。政府主管部门先后出台《医疗机构从业人员行为规范》《加强医疗卫生行风建设“九不准”》《医疗机构医用耗材管理办法（试行）》《关于加强医疗机构药事管理促进合理用药的意见》《卫生健康领域突出问题专项整治》《关于开展不合理医疗检查专项治理行动的通知》等文件并开展相关专项治理工作。

医德医风、师德师风、教风学风和科研诚信是群众关注的敏感热点问题。作风建设的问题，抓手在党支部，关键在干部。好党员是培养出来的，也是严格管理出来的。公立医院党支部要一手抓党员干部监督，一手抓党员教育管理。要抓常、抓细、抓长，经常抓，抓常态，把作风建设时刻摆上位置，有机融入日常工作中；要抓住问题，从细节处着手，养成习惯；要持久抓，见长效，持之以恒，久久为功。

五、加强党支部建设是公立医院高质量发展的纪律保障

党的十八大以来，党中央始终保持反腐败的高压态势。2021年，中央第十四巡视组向国家卫生健康委员会（以下简称国家卫生健康委）党组反馈巡视情况指出：行业综合监管存在短板、协同推进医药卫生体制改革力度还有待加强；全面从严治党“两个责任”落得不够实，防控廉洁风险存在薄弱环节，整治形式主义、官僚主义不够彻底；对基层党组织建设指导不够等。

习近平总书记指出：“如果我们党弱了、散了、垮了，其他政绩又有什么意义呢？”要从顶层设计上充分保障基层党委的地位和职能，使各级党委有底气、有双臂、有动力把全面从严治党责任承担好、落实好。公立医院党支部要坚持把纪律和规矩挺在前面，严格用党章党规党纪规范党员行为，教育引导党员模范遵守职业道德规范、践行学术道德、严守纪律底线。[①]公立医院党支部要及时掌握了解党员思想动态，监督党员履行义务，善于发现苗头性、倾向性问题，使“咬耳朵、扯袖子”成为常态。党支部书记要切实履行党建工作第一责任人的职责；科室班子成员要切实履行“一岗双责”，坚持党建工作和中心工作一起谋划、一起部署、一起考核，把每个环节的党建工作抓具体、抓深入，坚决防止“一手硬、一手软”。

六、加强党支部建设是公立医院高质量发展的制度保证

政治建设决定党的根本，思想建设确保党的方向，组织建设奠定党的基础，作风建设塑造党的形象，党风廉政建设事关党的存亡，而所有这一切，都必须以健全的制度作为保证。加强党支部制度建设的根本是要落实党要管党、全面从严治党的要求，全面提升党支部组织

①施鹏.新时代高校教师党支部组织力及其提升路径[J].浙江理工大学学报(社会科学版),2019,42(06):677-684.

力，强化党支部政治功能，充分发挥党支部战斗堡垒作用，巩固党长期执政的组织基础。

四川大学华西医院在党支部工作实践中从政治保障、经济保障和制度保障三个维度建立科学的工作体系，探索出华西“支部宝”模式。一是党支部怎么设？根据党支部设置与行政组织架构相匹配原则，将党支部建在三级学科上。二是书记怎么选？明确政治可靠、业务可信、形象可敬的选用标准,如机关后勤党支部书记由党员部长兼任，临床科室党支部书记由科室负责人中的党员担任。三是职责怎么定？厘清党建目标、党风廉政、意识形态三个主体责任，在学科发展、人才留用、奖金分配、行业作风、设备耗材管理等五个方面党政同责。四是条件怎么给？明确临床医技党支部书记与科室主任职务同级，副主任转任党支部书记。党支部书记与主任管理酬金同档，高于副主任30%。五是工作怎么考？党支部工作单独考核，与业务相区分，实现同筹划、同部署、同实施、同考核。结果既用于团队，又用于干部个人考核。六是能力怎么提？培训机构定位上，依托干部培训、专项培训和分序列培训；培训方式上，在线打造“学而时习”教育品牌，定制“追光计划”，推出政治生日活动强化党员身份意识。七是队伍怎么备？重点加强党支部书记“双带头人”、党支部委员和党务序列管理后备人才三支队伍建设。以党支部委员队伍为例，反复调研、规范工作和严格考核，推动实现党支部委员政治待遇和经济待遇的双重保障。

推进公立医院高质量发展面临的艰巨性和复杂性前所未有，要始终保持改革的正确方向，最核心的就是毫不动摇全面加强党的领导，抓实抓牢党支部这个基层细胞，充分依靠和调动广大党员干部的主动性和创造性，强化敢于担当、攻坚克难的导向，凝聚强大力量为“健康中国”和“质量强国”建设贡献力量。

第二章

公立医院党支部建设的制度遵循和历史沿革

中国共产党成立百年以来，方针政策、党内法规和规章制度在执行过程中根据不同时期的历史任务，不断优化调适，逐步形成了以《中国共产党章程》（以下简称“党章”）为根本，以民主集中制为核心，准则、条例等中央党内法规为主干，各领域各层级党内法规制度共同组成的有机统一整体。[①]本章以党章历次修订内容为主线，系统梳理了公立医院在党章等党内法规指引下，推动卫生健康事业发展的历史进程，并详细梳理了党支部建设有关制度的历史沿革。

第一节　公立医院党支部建设的根本遵循

本节主要基于党章、历次全国组织工作会议内容等开展文本分析，梳理公立医院党支部建设的制度演进。研究资料检索时间为1921

①刘思聪.党内法规研究中的概念：内涵辨析、体系构建与重要价值[J].廉政文化研究，2022，13（1）：38-47.

年7月1日—2021年7月1日，资料来源于中国共产党思想理论资源数据库、中共中央组织部和国家卫生健康委网站公开的政策文件，并以中国知网文献资料及相关著作等研究资源进行补充和印证。文本库建立标准如下：

（1）在相关文献资料、数据库中以“公立医院”“卫生健康”“党的建设”“党支部建设”等为主题或关键词进行检索。

（2）政策文件发文主体为党中央、国务院或中央有关部门。

（3）除党章外，还包括上述重要会议的决策报告以及会后形成的规制性准则、条例、规定、办法、规则、细则等。

（4）不包括领导讲话和地方性法规、规章。

研究主要采用提取高频词、提炼主题内容等方法对不同时期的政策文本、研究文献展开分析，呈现公立医院党支部建设制度遵循的内涵要求与变迁特征。本节根据百年党史的四个历史时期将研究区间划分为以下时间截面开展论述①②③，即新民主主义革命时期、社会主义革命和建设时期、改革开放和社会主义现代化建设新时期、中国特色社会主义新时代。

一、新民主主义革命时期：党支部建设的起步

自1921年建党以来，党支部建设在实践中探索起步，为后续工作开展奠定了良好的基础。一是明确党支部建设的基础性地位，是党的基层组织单位和战斗武器。④1922年二大党章规定党的最基本单位为“组”；1923 年三大党章将党的基层组织设置修改为“小组”；1925

①王可卿.中国共产党支部建设：历史演进、深层动因、行动方略[J].求实，2019（3）：4−15+109.

②曹琦，崔兆涵.我国卫生政策范式演变和新趋势：基于政策文本的分析[J].中国行政管理，2018（9）：86−91.

③颜昌武.新中国成立70年来医疗卫生政策的变迁及其内在逻辑[J].行政论坛，2019，26（5）：31−37.

④中央档案馆.中共中央文件选集：第2册（1926）[M].北京：中共中央党校出版社，1989.

年四大党章首次将“支部”规定为党的基本组织，对支部设置原则、工作任务、组织制度等作出了具体阐述[①]；1927年五大党章首次将支部建设内容单列为第七章；1928年六大党章将支部建设内容调整到第四章，进一步明确支部三项任务；1945年七大通过的由我党独立自主制定的党章，全面论述了党的基层组织建设理论，更加完善了党的民主集中制原则和制度，首次规定了党员的权利和义务，对党员提出了更高要求。[②]二是逐步明确党支部建设的重点任务，优化党支部建设的思路方法。清晰规定基层党组织的设置形式与工作内容，发挥党支部在学习、宣传党的思想政策，组织群众，领导群众斗争和吸收、发展新党员中的重要作用。规范阐述党支部设置原则、召开会议程序、组织纪律和党支部书记选拔培养等内容，为健全党的基层组织，确立党的组织原则，提升党的组织力提供有效支撑。新民主主义革命时期党支部建设的部分政策文件见表2–1。

表 2–1 新民主主义革命时期党支部建设的政策文件（部分）

时间	文件名称	相关内容
1925年1月	《对于组织问题之决议》	党的基本组织，应是以产业和机关为单位的支部组织；除此以外也可以地域为标准
1926年5月	《支部的组织及其进行的计划》	支部的组织意义是：“党的基本组织和党的组织单位”“党的教育和宣传的学校”等
1927年6月	《组织问题议决案》	强调了支部建设的重要性
1929年12月	《古田会议决议》	确立“支部建在连上”原则
1933年1月	《关于巩固党的组织与领导的决议》	一切工作要推动支部去进行

①李斌雄，杨竹芸.中国共产党支部工作制度建设的百年历程和经验[J].理论与改革，2020（6）：1–12.

②共产党员网.七大党章：民主革命时期最好的一部党章[OB/OL].（2016–06–18）[2021–04–30].https://news.12371.cn/2016/05/30/ARTI1464623743425769.shtml.

续表

时间	文件名称	相关内容
1938年3月	《关于大量发展党员的决议》	各地党支部将发展党员作为一项重要的工作任务
1940年10月	《关于各抗日根据地内党支部教育的指示》	对支部开展教育工作的方式方法做出规划，建立健全支部组织生活和各项工作制度

二、社会主义革命和建设时期：党支部建设的调整

中华人民共和国成立初期，党领导全国各族人民实现了从新民主主义到社会主义的转变，保证了国内政治经济的恢复和建设。这期间，党员人数明显增长，党组织不断发展完善。1951年3月，第一次全国组织工作会议召开，审议通过了《关于整顿党的基层组织的决议》，重点解决新形势下党员队伍建设问题，并于会后开展了全党范围的整党运动，强调既要加强现有党员的经常性教育，也要充分吸纳在革命中涌现出来的符合党员标准的积极分子。1953年10月，第二次全国组织工作会议闭幕会总结报告《为实现党的政治任务和组织任务斗争》指出，企业中党的组织对企业中的思想政治领导负有完全的责任，对厂矿中的生产负有保证监督的责任。各行业关于党的基层组织的工作经验都可研究总结后向中央报告。1956年通过的八大党章总结了党的建设历史经验，结合中华人民共和国成立后复杂的内外部环境，进一步提出强化党的建设基础，正式明确“党的基层组织”概念，界定基层党组织的作用地位；首次提出党支部的建设规模，详细规定党支部的责权和监督功能；详细阐释加强党内团结、党内民主、文化建设、党性修养等的具体内容，突出党支部的作用发挥，并以制度的方式固定下来。1962年10月，全国组织工作会议重点强调了党的基层组织建设，通过了农村、国营工业企业、商业企业基层组织工作条例试行草案。社会主义革命和建设时期党支部建设的政策文件见表2–2。

表 2-2　社会主义革命和建设时期党支部建设的政策文件（部分）

时间	文件名称	相关内容
1950年5月	《关于发展和巩固党的组织的指示》	加强党的教育和调整党的组织
1951年3月	《关于整顿党的基层组织的决议》	对党的基层组织进行一次普遍的整顿
1951年3月	《关于新发展党员的决议》	市、县以上各级党委对于发展党员的工作，必须采取有效办法，按照党章的规定，严格加以管理
1956年1月	《关于1956年到1957年发展新党员规划和干部工作规划（草案）》	提出两年内要发展465万人的目标，强调既要注重党员数量，更要注重党员质量

三、改革开放和社会主义现代化建设新时期：党支部建设的完善

伴随着改革开放的序幕拉开，党的基层组织建设根据新目标、新任务、新要求不断完善。一是党支部建设方向更加清晰。1982年党的十二大党章将党的基层组织的基本任务由六项修改为八项。1987年十三大党章规定了企事业单位中基层党组织的地位和作用，并强调从严抓好党支部建设的任务要求。20世纪80年代中后期，面对复杂的内外部环境，党中央召开全国组织工作会议，要求认真总结经验，坚持党历来的优良传统，抓好基层党组织尤其是高等院校、企业、农村的基层党组织建设，普遍进行党员评议工作，加强党员队伍建设。二是党支部建设制度内容更加细化。1992年十四大党章针对不同类型党支部提出不同建设要求，企业、机关、街道等党支部按照各自的不同情况制定和加强改进自身建设，如“实行党委领导下的行政领导人负责制的事业单位中党的基层组织，对重大问题进行讨论和作出决定，同时保证行政领导人充分行使自己的职权”[①]。通过全面规范不同领域基

①中共中央文献研究室. 十四大以来重要文献选编（上）[M]. 北京：人民出版社，1996.

层党组织工作，极大地提高了党支部建设质效。[①] 20世纪90年代两次全国组织工作会议均强调了要健全党的基层组织体系，严格组织生活制度，要求领导干部带头遵守民主集中制这一根本议事决策制度，汇聚全党智慧和力量搞好组织建设。2002年十六大党章补充和修改了党的基层组织有关规定，进一步拓展了党的基层组织设置范围，在八项基本任务中增加了学习“三个代表”重要思想的内容，首次增写了党旗、党徽的内容。基于中共十六大提出的全面建设小康社会的奋斗目标、党的建设的总要求以及“六项工作”等原则，2002年12月，全国组织工作会议着重强调了党的组织体系建设、党内政治生活和组织生活制度建设，以及选人用人制度建设等内容。三是党支部政治功能更加突出。2007年十七大党章在总纲中提出党的领导是政治、思想和组织的领导，以及党的建设四项基本要求等内容。2008年2月，全国组织工作会议阐明了建设学习型党组织的重大意义、总体要求和主要原则，进一步激发党支部、党员干部的主动学习能力和内在活力，推动党支部建设迈上新高度。改革开放和社会主义现代化建设新时期党支部建设的部分政策文件见表2–3。

表 2–3　改革开放和社会主义现代化建设新时期党支部建设的政策文件（部分）

时间	文件名称	相关内容
1990年6月	《中国共产党基层组织选举工作暂行条例》	规范支部换届选举程序
1994年9月	《中共中央关于加强党的建设几个重大问题的决定》	强调把基层党建作为当前和今后一个时期加强党的建设的重点，提出了党的基层组织建设的指导方针
1994年11月	《关于进一步整顿软弱涣散和瘫痪状态党支部的意见》	提出支部领导成员的整顿和选拔的意见
2004年9月	《中共中央关于加强党的执政能力建设的决定》	明确了新形势下党的基层组织建设的总体目标和工作思路

①姚桓，田栋.党章简史[M]. 北京：中国方正出版社，2018.

四、中国特色社会主义新时代：党支部建设的深化

党的十八大以来，以习近平同志为核心的党中央高度重视党的基层组织发展，推动党的建设逐步迈入体系化的发展轨道，形成了新时代中国特色社会主义党内法规制度[①]，这对党始终保持蓬勃生机有着重要意义。一是加强先进性和纯洁性建设，巩固党的执政地位。强化党的思想意识与作风规范，努力建成学习型、服务型、创新型的马克思主义执政党，确保党能够获得人民拥护，引领国家发展，实现自我革命。[②]二是强调以党的政治建设为统领，推行全面从严治党。坚持党的制度建设始终贯穿政治、思想、组织建设，总结全面从严治党中可能面临的新问题、新方法、新要求。三是维护党内法规制度的有机统一。始终坚持党章的根本地位，贯彻党内政治生活准则和廉洁自律准则，进一步指导党支部标准化、规范化建设工作。[③]四是进一步明确党支部的职责任务。2012年十八大党章规定了各级基层党组织负责人的任期，以确保基层党组织的稳定性及工作的有序衔接；重点突出习近平新时代中国特色社会主义思想内涵，经常性开展"两学一做"学习教育等内容。2017年十九大党章规定了党支部"教育党员、管理党员、监督党员和组织群众、宣传群众、凝聚群众、服务群众"的职责。这将更有利于发挥新时代党支部的战斗堡垒作用，夯实党的群众路线和根基。[④]因此，新时代党支部的建设目标和任务更加清晰，党支部工作制度体系化更加显著，体系内部更加注重"配套制度"的构建以及与

①李斌雄. 扎紧制度的笼子——中国共产党党内法规制度的重大发展研究[M]. 武汉：武汉出版社，2017.

②习近平. 决胜全面建成小康社会夺取新时代中国特色社会主义伟大胜利[N]. 人民日报，2017-10-28（1）.

③李斌雄，杨竹芸. 中国共产党支部工作制度建设的百年历程和经验[J]. 理论与改革，2020（6）：1-12.

④郭永虎，孟娇娇. 党支部建设在党章文本中的变迁及启示——以《中国共产党章程》为视角[J]. 中共云南省委党校学报，2019，20（2）：86-90.

国家法律的衔接关系[①]，党中央先后制定或修订了《中国共产党发展党员工作细则》《中国共产党党内监督条例》《中国共产党支部工作条例（试行）》《中国共产党党员教育管理工作条例》《中国共产党基层组织选举工作条例》等系列党内法规，更加坚强有力地抓实党支部制度建设。

这一时期组织召开的全国组织工作会议内容也充分体现出对党的组织路线的有效贯彻落实。2013年6月，全国组织工作会议对全面从严治党及今后一个时期党的建设和组织工作进行了全面部署，强调必须认真贯彻党要管党，全面从严治党方针。[②] 2018年7月，习近平在全国组织工作会议上强调，树立大抓基层鲜明导向。以提升组织力为重点，突出政治功能，把各领域基层党组织建设成为宣传党的主张、贯彻党的决定、领导基层治理、团结动员群众、推动改革发展的坚强战斗堡垒。加强支部标准化规范化建设。要严把发展党员入口关，把政治标准放在首位；要严格党员教育管理，严格组织生活；加强理论教育、形势教育和革命传统教育等等，以不断提升党的建设质量，中国特色社会主义新时代党支部建设的部分政策文件见表2-4。

表 2-4　中国特色社会主义新时代党支部建设的政策文件（部分）

时间	文件名称	相关内容
2014年1月	《关于加强基层服务型党组织建设的意见》	提出支部工作的意义、要求、任务、方法
2014年5月	《中国共产党发展党员工作细则》	全面规定了党支部吸纳、接收、发展党员的各项流程
2016年10月	《中国共产党党内监督条例》	规定了党的基层组织的监督职责
2018年7月	《关于党的基层组织任期的意见》	规定了基层党委、党的总支部委员会、支部委员会每届任期

①李斌雄，杨竹芸. 中国共产党支部工作制度建设的百年历程和经验[J]. 理论与改革，2020（6）：1-12.

②习近平强调：建设一支宏大的高素质干部队伍　确保党始终成为坚强领导核心[J]. 紫光阁，2013（8）：8-9.

续表

时间	文件名称	相关内容
2018 年10月	《中国共产党支部工作条例（试行）》	规范党支部工作的基础法规
2019 年5月	《中国共产党党员教育管理工作条例》	要求党支部不断提高教育管理工作能力和水平
2020年7月	《中国共产党基层组织选举工作条例》	规范基层党组织选举工作

第二节　公立医院党支部工作制度的历史沿革

党支部工作制度体系是在长期的实践中逐步形成的。它是中国共产党各级组织所制定和实施的主要用于规范党支部及相关主体的工作、活动和党员行为的规范体系，主要包括党支部工作法规、规范性文件和其他具体制度，具有实践性、科学性、指导性等基本特征。[①] 本节结合前文公立医院党支部建设的普遍规律和行业要求，从党支部的组织设置、基本任务和重点任务、党的组织生活、党支部委员会建设等方面重点梳理和分析党支部主要工作制度的历史沿革及公立医院党支部建设的现状，以制度建设推动党支部工作提质增效。

一、公立医院党支部的组织设置

（一）从“支部建在连上”到“支部建在科室上”

严密的组织体系是中国共产党区别于其他政党的显著标志和独特优势。1921年中国共产党成立之初，党的组织体系尚不健全。中共一大

①李斌雄，杨竹芸. 中国共产党支部工作制度建设的百年历程和经验[J]. 理论与改革，2020（6）：1-12.

通过的党纲规定，“凡是党员五人以上的地方，应成立委员会”[①]。二大党章规定，党的基层组织为“组”，各级组织为“训练党员及党员活动之基本单位，凡党员皆必须加入”[②]，同时明确“各农村、各工厂、各矿山、各兵营、各学校”等机关及附近，作为建党的基本单位。1926年7月，中共中央扩大执行委员会通过《组织问题决议案》，第一次提出“一切工作归支部”，并指出支部是党的基本组织，是各种社会组织或区域里的核心，也是党的工作的基础，各级党部要充分发挥支部在“社会组织或区域里的核心作用”[③]。同时强调，支部的设置应是以产业或机关为单位，如不能以产业或机关为单位组织支部时，则可以区域为标准，这一设置支部的原则延续至今。1927年9月，毛泽东同志领导“三湾改编”提出“把党的支部建在连上”的原则。六大党章强调“所有在该地工作之党员，应一律加入支部”[④]。1928年，“中央通告第七号”进一步明确支部为联系工农的组织，是党的政治达到群众的枢纽，支部生活是无产阶级政党的基础。1929年12月，《古田会议决议》通过制度形式确立“支部建在连上”的原则，并对红军开展支部建设提出了明确要求。“支部建在连上”成为建党建军的一项基本原则和制度。毛泽东曾指出，“红军所以艰难奋战而不溃散，支部建在连上是一个重要原因”[⑤]。中国共产党把党支部牢牢建立在最基层单位上，密切联系群众，奠定了党立足社会的基石。

公立医院党支部的设置要有利于发挥党支部的战斗堡垒作用和党员先锋模范作用，有利于履行直接教育、管理、监督党员和组织、宣

---

①本书编委会. 中国共产党历次党章汇编（1921—2017）[M]. 北京：中国方正出版社，2019.

②本书编委会. 中国共产党历次党章汇编（1921—2017）[M]. 北京：中国方正出版社，2019.

③中共中央组织部，中共中央党史研究室，中央档案馆. 中国共产党组织史料（第8卷）[M]. 北京：中共党史出版社，2000.

④本书编委会. 中国共产党历次党章汇编（1921—2017）[M]. 北京：中国方正出版社，2019.

⑤毛泽东. 毛泽东选集（第一卷）[M]. 北京：人民出版社，1991.

传、凝聚、服务群众的职责，有利于医院高质量发展；既充分考虑党支部政治功能发挥和作用发挥,又能够激发党支部党员参与党建工作的热情和投入业务工作的深度；结合医院组织架构、管理模式、学科建设、院区分布等实际，科学设置、合理划分。2018年8月，国家卫生健康委员会党组《关于加强公立医院党的建设工作的意见实施办法》明确提出，公立医院应将党支部建在科室上，这是“支部建在连上”原则的继承和发展，是确保公立医院党建工作与业务工作深度融合、党支部发挥政治功能的重要基础。

根据2017年10月对全国10多家大型公立医院开展的一项调查研究显示[①]，66.7%的公立医院党支部按科室（部门）设置，便于党支部参与科室业务发展、人才引进、薪酬分配、职称晋升、评优评先、设备配置等重大问题的决策，有利于党支部作用发挥。自《中国共产党支部工作条例（试行）》《关于加强公立医院党的建设工作的意见》出台后，公立医院结合自身实际，在实践中也积极探索建立多种党支部设置形式。除支部建在科室上外，有的教学医院考虑到医学生临床实习等因素，探索设置师生联合党支部，便于加强教师与学生的交流沟通；有的依据班级、专业等不同方式设立学生混合党支部，有效促进学生间的相互学习和共同提升；有的医院以科研所室、研究团队为单位设立单独或联合党支部，以党建联合促进科研交叉融合，激发科技创新力。

（二）党支部的党员人数

二大党章明确“凡有党员三人至五人均得成立一组”[②]；三大党章改为五人至十人，且“不满五人之处，亦当有组织，公推书记一人”[③]；四大党章恢复至三人，并一直保持至今。刘少奇同志在党的七大《关于修改党章的报告》中强调，我们的党，不是许多党员简单数字的综合，而是由全体党员按照一定规律组织起来的统一的有机体，这

①调查研究的详细内容见本节末尾《大型公立医院党支部建设调查报告》（2017年10月）.

②本书编委会. 中国共产党历次党章汇编（1921—2017）[M]. 北京：中国方正出版社，2019.

③本书编委会. 中国共产党历次党章汇编（1921—2017）[M]. 北京：中国方正出版社，2019.

种规律就是党内的民主集中制。党的七大根据党员人数的变化和形势任务的需要，第一次在党章中提出“凡有党员和候补党员超过五十人之乡村，或超过一百人厂、机关和学校，得成立党的总支部。”党的八大进一步明确“凡是党员不足五十人的基层组织，经过上一级委员会的决定，可以举行党员大会，选举支部委员会，并且有权作出接收和处分党员的决议”，并一直沿用至今。《党支部工作条例》规定，凡是正式党员3人以上的，都应当成立党支部，党支部党员人数一般不超过50人。因各公立医院规模不同，党组织归属不一，党员人数不均，“支部建在科室上”客观上存在人数较多或过少的情况，可根据实际情况进行组织设置的调整，既要防止支部人数过多，难以有效管理党员，也要防止超过50人就升格或拆分的刻板做法。党支部升格、拆分或联合，要着眼于有利于党支部作用发挥和促进事业发展，按照把党支部建在最基层单位上的原则，实事求是地进行组织设置的优化调整。

（三）党支部成立和撤销的程序

五大党章首次规定，党支部的成立“须得区或市或县委员会之批准”①，六大党章改为“须由县委或等于县委组织的区委批准之”②，七大党章再改为“须经县委或市委之批准”③，八大党章首次明确“撤销原有的党的组织，必须由上一级组织决定”④。十一大党章规定，党支部的成立须经“上级党委批准”。十二大党章将其修改为“上级党组织批准”⑤。十九大党章规定，“凡

①本书编委会. 中国共产党历次党章汇编（1921—2017）[M]. 北京：中国方正出版社，2019.

②本书编委会. 中国共产党历次党章汇编（1921—2017）[M]. 北京：中国方正出版社，2019.

③本书编委会. 中国共产党历次党章汇编（1921—2017）[M]. 北京：中国方正出版社，2019.

④本书编委会. 中国共产党历次党章汇编（1921—2017）[M]. 北京：中国方正出版社，2019.

⑤本书编委会. 中国共产党历次党章汇编（1921—2017）[M]. 北京：中国方正出版社，2019.

是成立党的新组织，或是撤销党的原有组织，必须由上级党组织决定”。

《党支部工作条例》进一步明确了党支部调整或撤销的程序，即对因党员人数或者所在单位、区域等发生变化，不再符合设立条件的党支部，上级党组织应当及时予以调整或者撤销。“一般由党支部报所在乡镇（街道）或者单位基层党委批准，也可以由所在乡镇（街道）或者单位基层党委直接作出决定，并报上级党委组织部门备案”[①]。

针对公立医院党员流动性较大的党支部，如学生党支部、规范化培训学员党支部、进修生党支部等，当党员人数降到3人以下时，上级党组织应考虑是否按程序进行撤销，防止“空壳支部”长期存在。针对所在单位和区域业务机构的变化，如机构改革中的单位合并或撤销，党支部设置要及时跟进和调整。

二、党支部基本任务和重点任务

党支部的基本任务是对全党各级党组织工作开展做出的最基本要求，适用于不同性质、不同行业、不同作用的各级党组织。党支部的重点任务，侧重立足党章规定的各领域基层党组织基本定位，促进党支部围绕中心工作，突出政治功能，履行完成所承担的职责任务。

（一）党支部的基本任务

党支部的基本任务与党所处的历史阶段密切相关。五大党章首次将支部相关内容单列成第七章，规定支部任务，主要包括：（1）积极在该工厂等之内活动，领导该处群众之日常斗争，扩大党的影响；（2）实行党的口号与决议于群众中；（3）吸收新的党员；（4）服从地方党部从事组织与宣传工作；（5）积极参加地方政治经济的斗争；

① 中国法制出版社.中国共产党重要党内法规学习汇编[M]. 北京：中国法制出版社，2019.

（6）尽可能讨论党的重要问题。[①]六大党章在此基础上进行了整合和归纳，修改为三项任务，增加了教育党员，开展文化和政治教育的任务。七大党章在党支部的任务上增加了向上级机关反映群众情绪和要求，关心群众生活，并组织群众解决问题的任务；同时增加了征收党费、审查和鉴定党员、执行党的纪律的任务。八大党章规定，党的基层组织必须把工人、农民、知识分子和其他爱国人民同党和党的领导机关密切联系起来，并将基层组织的一般任务增加为八项，主要增加了“领导群众参加国家的政治生活”“领导群众完成生产计划和工作计划”“开展批评和自我批评”“注意同阶级敌人破坏活动作斗争”等内容。[②] 十二大党章对党的基层组织八项基本任务作出新规定，其主要内容和框架沿用至今。十四大党章对基层组织的地位作用增加了“党的全部工作和战斗力的基础”，这一定位一直沿用至今；修订了“坚决同各种违法犯罪行为作斗争”[③]。2016年10月，十八届六中全会审议通过《中国共产党党内监督条例》，规定了党的基层组织的监督职责。十九大党章第三十二条提出了党的基层组织的八项基本任务[④]；第三十四条明确了党支部的具体职责，并将职责在党的根本大法中固化下来。

（二）公立医院党支部的重点任务

八大党章第一次针对不同领域基层党组织的重点任务作出规定，指出在企业、农村、学校和部队中的党的基层组织，应当领导和监督本单位的行政机构和群众组织积极地实现上级党组织和上级国家机关

①本书编委会. 中国共产党历次党章汇编（1921—2017）[M]. 北京：中国方正出版社，2019.

②本书编委会. 中国共产党历次党章汇编（1921—2017）[M]. 北京：中国方正出版社，2019.

③本书编委会. 中国共产党历次党章汇编（1921—2017）[M]. 北京：中国方正出版社，2019.

④本书第六章图6-3详细列出了《党支部工作条例》中提出的党支部应承担的八项基本任务。

的决议，不断地改进本单位的工作。十二大党章规定，基层委员会领导下的总支部委员会和支部委员会，除特殊情况外，只对本单位生产任务和业务工作的正确完成起保证监督作用。十三大党章增加了“企业和实行行政首长负责制的事业单位中党的基层组织，对党和国家的方针政策在本单位的贯彻执行实行保证监督”。明确这些基层党组织主要工作是加强党的建设，做好思想政治工作和群众工作，同时支持行政负责人按规定充分行使职权，并对重大问题提出意见和建议的基础。十四大党章首次明确，实行行政领导人负责制的事业单位中的党的基层组织，发挥政治核心作用。十九大党章明确实行行政领导人负责制的事业单位中的党的基层组织发挥战斗堡垒作用。

《党支部工作条例》进一步明确了各领域党支部的重点任务。公立医院作为我国医疗服务体系的主体，其所辖党支部既承担基本任务，也承担相应的重点任务。作为事业单位，公立医院党支部要“保证监督改革发展正确方向，参与重要决策，服务人才成长，促进事业发展。事业单位中发挥领导作用的党支部，对重大问题进行讨论和作出决定。”作为高校附属医院党支部，还应承担“保证监督党的教育方针贯彻落实，巩固马克思主义在高校意识形态领域的指导地位，加强思想政治引领，筑牢学生理想信念根基，落实立德树人根本任务，保证教学科研管理各项任务完成”的重点任务。

（三）发展党员工作

1. 发展党员的程序和要求

发展党员工作是党的建设一项重要的基础性工作。建党初期，党员发展基本流程一般需经过入党介绍、组织考察和讨论批准等三个环节。一大到六大党章基本按这三个环节发展党员，七大党章对党员的发展程序进行完善，确定了六个基本步骤：入党介绍—专人谈话—组织审查—批准入党（候补/预备党员）—候补/预备期考察（委任有关工作）—候补/预备党员转正。该程序相对较为完整，以制度的形式被确

定下来，此后发展党员基本沿袭这个程序，只是个别地方有所改变。[①]（图2–1）

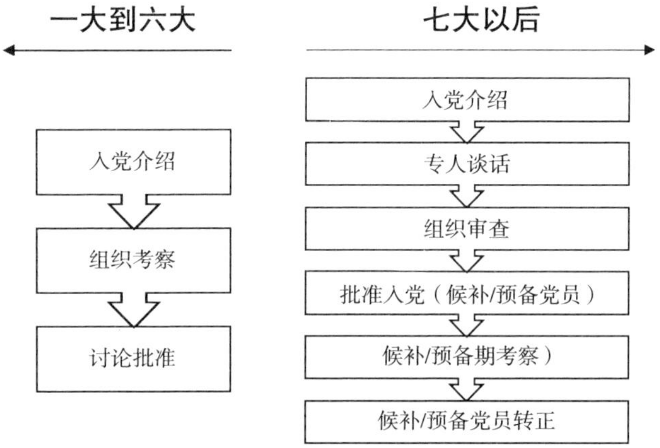

图2–1发展党员的主要流程

建党初期，党章对发展党员工作中，不同成分人员入党做出了不同的规定，对其入党介绍人的数量、党龄，以及党员预备期等规定依据人员成分有不同的要求，这些规定是党根据当时的革命斗争形势做出的有针对性的规定。[②] 党章对党员发展工作规定的具体变化见表2–5。

表 2–5　党章对党员发展工作规定的变化[③]

时间	来源	党员标准	发展程序
1921年	中共一大通过的《中国共产党第一个纲领》	“凡承认本党纲领和政策，并愿意成为忠实党员的人”，需“经党员一人介绍，不分性别、国籍”，入党前“必须与反对本党纲领的任何党派团体断绝关系”	候补党员必须接受其所在地委员会的考察，考察期限至少为两个月。考察期满后，经多数同志同意，始得接收入党。如该地区建立执行委员会，则入党应由执行委员会批准

①朱正中，陈清华. 中国共产党党员发展工作的历史考察[J]. 党史文苑，2015（4）：35–38.
②刘洪森，赵娜. 中国共产党党员标准演变的历史轨迹——以中国共产党党章为中心的考察[J]. 中国延安干部学院学报，2020，13（4）：42–51.
③本书编委会. 中国共产党历次党章汇编（1921—2017）[M]. 中国方正出版社，2020.

续表

时间	来源	党员标准	发展程序
1922年	中共二大通过的《中国共产党章程》	本党党员无国籍性别之分，凡承认本党宣言及章程并愿忠实为本党服务者，均得为本党党员	①党员一人介绍于地方执行委员会；②地方执行委员会许可；③报告区执行委员会审查；④报告中央执行委员会审查；⑤成为正式党员 工人只需地方执行委员会承认报告区及中央执行委员会即为党员 凡经中央执行委员会直接承认者或已经加入第三国际所承认之各国共产党者，均为本党党员
1923年	中共三大通过的《中国共产党第一次修正章程》	本党党员无国籍性别之分，凡承认本党党纲及章程并愿忠实为本党服务者，均得为本党党员	①正式入党半年以上之党员二人介绍；②小组会议通过；③地方委员会审查；④区委员会批准；⑤成为候补党员 候补期劳动者三个月，非劳动者六个月，但地方委员会得酌量情形伸缩之 “中央执行委员会直接承认之党员”，“亦须经过候补期”；“凡已加入第三国际所承认之各国共产党者”，也需“经中央审查”
1925年	中共四大通过的《中国共产党第二次修正章程》		吸收党员入党，必须首先经“支部会议之通过”而不是“小组会议之通过”。不需要区委员会审批
1927年	中央政治局会议通过的《中国共产党第三次修正章程议决案》	强调“服从党的决议，参加在党的一定组织中工作并交纳党费者”，党员年龄须在十八岁以上，凡年龄在二十岁以内而自愿入党者，必须经过青年团；但青年军人不在此例	对于入党介绍人情况进行了变更，由之前的“正式入党半年以上之党员二人之介绍”变为“正式党员一人之介绍”。增加支部会议通过前须经“支部干事会之审查”。对于候补党员的候补期进行了细分，“劳动者（工人、农民、手工工人、店员、士兵等）无候补期；非劳动者（知识分子、自由职业者等）之候补期三个月”

续表

时间	来源	党员标准	发展程序
1928年	中共六大通过的《中国共产党党章》	凡承认共产国际和本党党纲及党章，加入党的组织之一，在其中积极工作，服从共产国际和本党一切决议案，且经常交纳党费者	①正式入党半年以上之党员二人介绍。对不同成分人员进行区别：工厂工人须经党员一人介绍，由生产支部通过；农民手工业者、知识分子及各机关下级服务人员，须有党员二人之介绍；机关高级服务人员，须有党员二人之介绍；离其他政党（如国民党等）而加入本党的，须经有党籍一年以上之党员三人介绍。②党支部通过；③须经市县委，或等于县委组织的区委批准 若从前为其他政党之普通党员者，则经省委之批准；若从前为其他政党之负责人员者，则须经中央之批准
1945年	中共七大通过的《中国共产党党章》	入党年龄要求“年满十八岁”	首次提出要“个别地履行入党手续，方能认为有效”。依据被接收入党者的社会地位分四类，入党介绍人、审批程序、候补期均有所差别。增加“党委在决定和批准新党员入党前，须指定党的工作人员与之进行详细的谈话”“候补党员候补期满，转为正式党员时，须经支部大会的决定，及原批准入党之上级党委或相当的上级党委的批准”
1956年	中共八大通过的《中国共产党章程》	增加“任何从事劳动、不剥削他人劳动的中国公民”	对入党介绍人的党龄不作要求，只需是正式党员二人即可 首次明确了固定的预备期时间：“经过一年的预备期，才能转为正式党员”

续表

时间	来源	党员标准	发展程序
1969—1973年	中共九大、十大通过的《中国共产党章程》	对入党申请人的范围界定为“工人、农民、革命军人和革命分子”	①申请入党的人，必须个别履行入党手续；②有党员二人介绍；③填写入党申请书；④经支部审查；⑤广泛听取党内外群众的意见由支部大会通过；⑥上级党委批准
1977年	中共十一大通过的《中国共产党章程》		基本上又恢复到八大制定的党章要求上，明确提出要“填写入党志愿书”
1982—1997年	中共十二大至十五大通过的党章及党章部分条文的修正案	年满十八岁的中国工人、农民、军人、知识分子和其他革命分子	发展党员，必须经过党的支部，坚持个别吸收的原则。“预备党员必须向党旗进行入党宣誓”
2002—2012年	中共十六大至十八大通过的党章修正案	年满十八岁的中国工人、农民、军人、知识分子和其他社会阶层的先进分子	
2017年	中共十九大通过的《中国共产党章程（修正案）》		增加“必须把政治标准放在首位”

党章规定，发展党员必须“经过党的支部”，对党员的纪律处分，必须经过党支部大会讨论决定。这两个“必须”是党章对党支部赋予的重要职责，体现了重大的建党原则和民主集中制原则。

除了党章对发展党员工作作出规定外，党中央多次专门就发展党员工作出台重要文件（表2-6），不断优化和调整发展党员的程序和条件，为发展党员工作提供了有力的制度保障。

表 2-6　关于发展党员工作的重要文件

时间	文件名称	相关规定
1951年10月	中共中央《关于接收新党员手续的规定》	强调中国共产党章程所规定的接收党员的条件，必须严格遵守。党员必须经过考察、经过教育”“新党员入党，必须由本人亲自向党申请”“候补党员的候补期限，今后除特殊情况外，一般不能缩短”“接收党员的手续，不是单纯的技术工作”，而是“保持与提高党员标准和纯洁党的组织的重要保证之一”
1985年2月	中共中央组织部《关于大量吸收优秀知识分子入党的报告》	“要坚持党员标准，保证新党员的质量”，标准就是党章的规定。“要按党章规定履行入党手续，成熟一个，发展一个。既要纠正关门主义倾向，又要防止追求数量，搞突击发展”
1990年8月	中共中央组织部《中国共产党发展党员工作细则（试行）》	分别对要求入党积极分子的培养教育，预备党员的接收，预备党员的教育、考察和转正，发展党员工作的领导和纪律作出具体规定，发展党员工作逐步趋于规范
1995年3月	中共中央组织部《关于进一步加强在青年中发展党员工作的意见》	“要坚持党员标准，确保新党员质量”“各级党组织都要注意把好‘入口关’，保证党的先进性和纯洁性”“要坚持个别吸收的原则”“严格履行入党手续”“防止各种不正之风的干扰”“对于那些违反党章和有关文件规定，利用不正当手段入党的，一律不予承认，并应追究有关人员的责任，严肃查处”
2004年7月	中共中央组织部《关于进一步做好新形势下发展党员工作的意见》	进一步明确了新形势下发展党员工作的指导思想和基本要求，强调坚持不懈地做好工人、农民、知识分子、军人和干部中发展党员工作，特别是提出积极稳妥地开展在其他社会阶层中发展党员工作
2013年2月	中共中央办公厅《关于加强新形势下发展党员和党员管理工作的意见》	要求不断提高发展党员和党员管理工作科学化水平，着力把各方面先进分子和优秀人才更多地吸收到党内，努力建设一支信念坚定、素质优良、规模适度、结构合理、纪律严明、作用突出的党员队伍，夯实党的组织基础

续表

时间	文件名称	相关规定
2014年5月	中共中央办公厅《中国共产党发展党员工作细则》	要求发展党员工作要从贯彻党的基本路线的要求出发，坚持标准，保证质量，有领导、有计划地进行。发展党员必须坚持入党自愿的原则和个别吸收的原则，成熟一个，发展一个。禁止突击发展，反对关门主义

2.在高知群体中发展党员

中华人民共和国成立之初，学校教育、科学研究、医药卫生等方面的知识分子在全国总人口中所占比例较低。高知识群体是一个思想活跃、学术水平较高、研究能力较强的群体，他们掌握现代科学技术和先进文化知识，是体现先进生产力发展要求和先进文化前进方向的重要载体①，把更多知识分子吸引和凝聚到党的周围显得极为迫切。党中央先后出台“科学十四条”“高教六十条”等政策措施②，调动了知识分子的工作积极性，同时对在知识分子中发展党员工作提出一系列的政策要求（表2-7）。

表 2-7　关于在知识分子中发展党员工作的政策要求

时间	文件或报告名称	内容要求
1956年4月	中共中央批转中共中央组织部《关于在知识分子中发展党员计划的报告》	在知识分子中吸收党员时，应特别注意吸收高级知识分子入党

①陈延良.“高知识群体”特征及其发展党员的意义[J].东北农业大学学报（社会科学版），2005（3）：93-94.

② 中共中央党史研究室.中国共产党的九十年[M]. 北京：中共党史出版社，党建读物出版社，2016.

续表

时间	文件或报告名称	内容要求
1957年6月	中共中央《关于在一两个月后吸收一批高级知识分子入党的通知》	在一两个月之后，首先接收一批在这次运动中表现好的左派高级知识分子入党。对于那些已经参加了其他民主党派的高级知识分子，在吸收入党时，除了极个别的关系全国的重要分子须报请中央批准以外，一般按照普通党员入党手续办理，不须报请中央批准。他们入党以后，不要退出原来的民主党派，不要改变他们的社会地位（例如，原为人民代表的，仍为人民代表），并且要保证他们仍有充分的时间进行自己的业务工作，而不是入党之后就荒疏了自己的业务
1957年7月	中共中央组织部《关于知识分子工作中三项组织措施的指示》	调派干部到高等学校、中等学校、文化机关、卫生机关等担任领导干部
1978年3月	邓小平在中共中央召开的全国科学大会开幕式上的讲话	“科学技术是生产力，这是马克思主义历来的观点”“科学技术作为生产力，越来越显示出巨大的作用”“他们的绝大多数已经是工人阶级和劳动人民自己的知识分子，因此也可以说，已经是工人阶级的一部分”[①]
1982年9月	胡耀邦在中国共产党第十二次全国代表大会上的报告	“我们要全面开创社会主义现代化建设的新局面，必须特别重视充分发挥知识分子的作用，并针对他们的特点改善对他们的思想政治教育，注意在他们当中积极吸收具备入党条件的人入党。”[②]
1982年10月	中共中央办公厅转发中共中央组织部《关于加强在中年知识分子中发展党员工作的报告》	要求进一步加强在知识分子中发展党员的工作
1988年6月	全国组织工作会议《深化改革，从严治党，从组织上保证党的基本路线的贯彻执行》的报告	要不断改善党员队伍的年龄、文化和分布结构，今后，要注重在生产和工作第一线的工人、农民和知识分子中发展党员，注意在青年中发展党员。在坚持党员标准的前提下，还应注意发展对象的文化素质，以适应现代化建设的要求

①邓小平. 邓小平文选1975—1982. 北京：人民出版社，1983.

②中共中央文献研究室. 十二大以来重要文献选编（上）. 北京：人民出版社，1990.

续表

时间	文件或报告名称	内容要求
1995年3月	中共中央组织部《关于进一步加强在青年中发展党员工作的意见》	要重视培养和吸收科技、教育、文化、卫生等单位的优秀青年积极分子入党，积极做好在大学生和青年教师中发展党员的工作，注意把具备党员条件的学生骨干和青年教师、学术和科技带头人、业务骨干中的优秀分子及时吸收到党内来
2013年2月	中共中央《关于加强新形势下发展党员和党员管理工作的意见》	做好在科研院所、文化单位、卫生机构以及社会组织等知识分子相对集中地方的优秀青年中发展党员工作，高度重视将科研骨干、学术带头人、留学归国人员中的优秀分子培养成党员
2018年6月	中共中央办公厅《关于加强公立医院党的建设工作的意见》	把政治标准放在首位，抓好发展党员工作，注重发展医疗专家、学科带头人、优秀青年医务人员入党
2018年9月	国家卫生健康委员会党组制定的《〈关于加强公立医院党的建设工作的意见〉实施办法》	提出建立“双培养”机制，即把业务骨干培养成党员，把党员培养成医疗、教学、科研、管理骨干。健全常态化联系培养机制，在严格标准、程序的同时，优化、改进考察办法，及时把符合党员条件的“高知”和优秀青年吸收入党

公立医院是知识密集型单位，应高度重视对高知群体的培养和发展，把更多优秀的知识分子吸收到组织中来。国家卫生健康委对44所大型公立医院党建工作的一项调查显示，其党员占比29.9%远高于全国平均水平，小于等于45岁的中青年党员占比61.5%，结构呈现“行政级别、职称、学历越高，党员占比越高”的现象[①]。

党中央高度重视在高知群体中发展党员工作。2018年6月，中共

①王强，黄超，薛其刚，等. 44所大型公立医院党建工作现状调查与思考[J]. 中国医院，2018，22（12）：61-63.

中央办公厅《关于加强公立医院党的建设工作的意见》明确要求“把政治标准放在首位，抓好发展党员工作，注重发展医疗专家、学科带头人、优秀青年医务人员入党”。国家卫生健康委党组和各地制定的实施办法都把发展高知群体入党作为重要内容。公立医院基层党组织必须充分认识新形势下做好在高知群体中发展党员工作的重要性和紧迫性，坚持把发展高知群体入党作为优化党员队伍结构、加强党员干部队伍建设的一项基础性和战略性的任务来抓；制定切实可行的发展党员的规划，做好高知群体的思想教育工作；基层党务工作者要增强做好群众工作的本领，提高自身党的理论水平，讲真话、讲新话，积极为民办实事、解难题，提高党组织在高知群体中的凝聚力和感召力。

（四）党员教育管理

中国共产党成立之初，党员教育管理以“训练”名义提出。二大党章规定，各组组织为本党组织体系，为训练党员及党员活动之基本单位，凡党员皆必须加入。党的三大之后，党员教育目标开始确立，逐步制度化。党的四大明确了党员教育管理是党支部的具体职能之一。《关于组织问题之决议案》提出，党的支部须承担“教育党员”“吸收党员”的重要职责。六大党章规定支部职责包括“教育新党员”。七大党章把党员教育管理政治性要求提升到了新的高度，要求党员必须领会马克思列宁主义、毛泽东思想，基层党组织必须教育党员、组织党员进行学习，同时要求党员必须“积极参加党内政治生活”。十二大党章系统总结党支部职责，内容包括基层党组织对党员教育管理等内容。十四大党章明确基层党组织承担对党员进行教育、管理、监督的任务，同时提出“提高党员素质，增强党性”的要求。十九大党章明确党支部担负直接教育党员、管理党员、监督党员和组织群众、宣传群众、凝聚群众、服务群众的职责。2019年5月，中共中央印发《中国共产党党员教育管理工作条例》，对党员教育管理工作提出了全面、系统的要求，推动党员教育管理工作提质增效。中共中央办公厅于2009年、2014年、2019年连续印发党员教育培训五年规划，部署推进全国党员教育培训工作，明确了各时期党员教育工作的指导思想、基本原则、工作目标等内容（表2-8）。

表 2-8　2009—2023 年全国党员教育培训五年规划内容摘要

	2009—2013年	2014—2018年	2019—2023年
指导思想	1.按照加强党的执政能力建设和先进性建设的要求，适应建设学习型政党的需要 2.以学习贯彻中国特色社会主义理论体系和党章为重点，围绕党的中心任务，大规模开展党员教育培训，全方位提高党员队伍素质	1.认真学习贯彻习近平总书记系列重要讲话精神，牢牢把握加强党的执政能力建设、先进性和纯洁性建设这条主线，开展党员教育培训 2.要适应建设学习型、服务型、创新型马克思主义执政党的要求，围绕全面深化改革、促进科学发展开展党员教育培训 3.以增强党性、提高素质为重点，继续大规模开展党员教育培训，全面提高党员队伍素质能力，推动广大党员发挥先锋模范作用	1.把学习贯彻习近平新时代中国特色社会主义思想作为首要政治任务 2.以坚定信仰、增强党性、提高素质为重点，努力建设政治合格、执行纪律合格、品德合格、发挥作用合格的党员队伍
基本原则	1.坚持把增强党性作为第一任务，将理想信念教育与能力建设贯穿始终 2.坚持以人为本，增强教育培训的针对性和实效性 3.坚持统筹协调，做到经常性教育与集中培训并重 4.坚持改革创新，探索建立大规模教育培训党员工作新机制	1.坚持围绕中心、服务大局 2.坚持服务党员、按需施教 3.坚持联系实际、学以致用 4.坚持基层为主、上下联动 5.坚持继承创新、注重实效	1.坚持思想建党、理论强党、全面从严治党 2.坚持围绕中心、服务大局 3.坚持分类指导、按需施教 4.坚持联系实际、继承创新 5.坚持简便易行、务实管用

续表

	2009—2013年	2014—2018年	2019—2023年
工作目标	1.对未纳入各级党委干部教育培训范围的广大基层党员普遍进行培训 2.通过教育培训，广大党员的理想信念进一步坚定、党性观念进一步增强、优良作风进一步养成、工作能力进一步提高、先锋模范作用进一步发挥，不断增强党的创造力、凝聚力、战斗力	1.对广大基层党员普遍进行教育培训 2.使广大党员理想信念进一步坚定、党性观念进一步增强、改革意识进一步强化、优良作风进一步发扬、履职服务能力进一步提高，先锋模范作用进一步发挥，不断增强党的生机活力	1.把全体党员普遍轮训一遍 2.实现习近平新时代中国特色社会主义思想学习教育更加扎实深入、教育培训效果更加显著、新时代党员教育培训体系更加健全

开展党内集中教育是党内统一思想、纯洁队伍、推进自我革命的重要途径。20世纪90年代以来，党内先后开展了“三讲”教育活动、保持共产党员先进性教育活动、深入学习实践科学发展观活动、创先争优活动等。党的十八大以来，党中央先后部署开展了党的群众路线教育实践活动、“三严三实”专题教育、“两学一做”学习教育、“不忘初心、牢记使命”主题教育和党史学习教育等（表2-9）。始终抓住党的建设关键问题，顺应群众热切期盼，向实处使劲、往细处用力、从严处较真，取得了显著效果。

表 2-9　20 世纪 90 年代以来党内历次集中教育的主要内容

时间	集中教育	主要内容
1999—2000年	“三讲”教育活动	讲学习，主要是学理论、学知识、学技术。讲政治，包括政治方向、政治立场、政治纪律、政治鉴别力、政治敏锐性。讲正气，要继承和发扬我们党在长期革命和建设事业中形成的好传统、好作风，坚持真理、坚持原则，坚持同一切歪风邪气和各种腐败现象作斗争
2005—2006年	保持共产党员先进性教育活动	以“增强党员素质、加强基层组织、服务人民群众、促进各项工作”为目标，重点在于解决实际问题，特别是解决群众反映强烈的突出问题，以群众是否满意作为衡量标准

续表

时间	集中教育	主要内容
2008—2009年	深入学习实践科学发展观活动	紧紧围绕“党员干部受教育，科学发展上水平，人民群众得实惠”的总要求，以县级以上领导班子和党员领导干部为重点、全体党员参加，自上而下分三批进行。牢牢把握坚持解放思想、突出实践特色、贯彻群众路线、正面教育为主的原则，基本实现了提高思想认识、解决突出问题、创新体制机制、促进科学发展、加强基层组织的目标
2010—2012年	创先争优活动	创建先进基层党组织、争做优秀共产党员。紧紧围绕中心工作，服务科学发展大局；贴近基层单位实际，确定具体争创主题；坚持分类指导，设计活动载体；加强舆论宣传；广泛吸引群众参与
2013—2014年	党的群众路线教育实践活动	以“为民、务实、清廉”为主要内容，以贯彻落实中央八项规定为切入点，以县处级以上领导机关、领导班子和领导干部为重点，突出作风建设，坚决反对形式主义、官僚主义、享乐主义和奢靡之风，教育引导党员干部牢固树立宗旨意识和马克思主义群众观点
2015年	“三严三实”专题教育	“三严三实”指严以修身、严以用权、严以律己；谋事要实、创业要实、做人要实。作为党的群众路线教育实践活动的延展深化，把学习教育放在首位，组织专题党课、专题学习研讨、专题民主生活会和组织生活会，着力解决“不严不实”的突出问题，强化整改落实和立规执纪，以解决问题的成果检验专题教育的成效
2016年	“两学一做”学习教育	即“学党章党规、学系列讲话，做合格党员”学习教育。推动党内教育从“关键少数”向广大党员拓展、从集中性教育向经常性教育延伸
2019年	“不忘初心、牢记使命”主题教育	总要求是“守初心、担使命，找差距、抓落实”，根本任务是深入学习贯彻习近平新时代中国特色社会主义思想、锤炼忠诚干净担当的政治品格、团结带领全国各族人民为实现伟大梦想共同奋斗，努力实现理论学习有收获、思想政治受洗礼、干事创业敢担当、为民服务解难题、清正廉洁作表率的具体目标
2021年	党史学习教育	总要求是“学史明理、学史增信、学史崇德、学史力行”，学党史、悟思想、办实事、开新局，以昂扬姿态奋力开启全面建设社会主义现代化国家新征程，以优异成绩迎接建党一百周年

除认真落实党中央关于党员教育工作的各项部署和要求外，全国卫生健康系统紧密结合工作实际，以问题为导向，集中开展了“医疗质量万里行”“三好一满意”“进一步改善医疗服务行动计划”等行业专项活动（表2–10）。

表 2–10　卫生健康系统开展的行业专项活动

时间	活动名称	活动内容
2009—2011年	“医疗质量万里行”活动	以医疗安全隐患排查治理为重点，深入开展专项检查活动。目标是提高医疗质量，促进医疗安全，改善医疗服务，优化医疗环境，和谐医患关系，核心是“医疗质量持续改进”
2011—2013年	“三好一满意”活动	即“服务好、质量好、医德好，群众满意”。重点解决宗旨意识和群众观念问题、服务意识和方便群众问题、质量意识和确保安全问题、廉洁意识和行业形象问题等四个方面的问题
2015—2017年	进一步改善医疗服务行动计划	“行动计划”共10项，包括优化诊区设施布局，营造温馨就诊环境；推进预约诊疗服务，有效分流就诊患者；合理调配诊疗资源，畅通急诊绿色通道；发挥信息技术优势，改善患者就医体验；改善住院服务流程，实现住院全程服务；持续改进护理服务，落实优质护理要求；规范诊疗行为，保障医疗安全；注重医学人文关怀，促进社工志愿服务；妥善化解医疗纠纷，构建和谐医患关系；落实政府管理责任，营造良好工作环境。落实行动计划过程中，与分级诊疗等医改任务同步推进
2018—2020年	深入落实进一步改善医疗服务行动计划重点工作方案	“工作方案”共10项，包括科学建立预约诊疗制度；不断完善远程医疗制度；大力推动结果互认制度；大力推进区域就诊“一卡通”；持续加强麻醉医疗服务；着力推广多学科诊疗服务；不断丰富日间医疗服务内涵；继续优化急诊急救服务；提高老年护理服务质量；开展长期用药的药学服务

三、党支部工作机制

《党支部工作条例》对党支部党员大会、党支部委员会及其会议、党小组及其会议分别作出规定，明确了职权、任务、频次等，为党支部日常工作运行提供了基本遵循。党支部工作机制运行的核心，是确保党中央的各项决策部署能够贯彻落实到党支部，确保党支部能够以健全的机制和有效的方式组织党员、群众，落实好所承担的任务。党员大会、支委会、党小组会健全且能正常有效运转，党支部的标准化规范化建设就有了基本保证，党支部作用发挥就有了基础条件。

（一）党员大会的职权和地位

党员大会是党支部的议事决策机构。1925年，四大党章明确党支部是党的基本组织，提出“支部全体会议”的概念。1927年修订的五大党章规定了党支部最高机关为“党支部党员全体大会”，其执行机构为“支部干事会”。1928年，六大党章明确了党支部的高级机关为“支部党员大会”，这也是党章首次使用“支部党员大会”的概念。1945年，七大党章增加“党的组织机构”一章，明确党支部的“最高领导机关”为“全体党员大会”。1956年，八大党章沿用这一规定，明确在基层单位的“最高领导机关是基层代表大会或党员大会”。九大党章取消了有关规定，十二大党章重新对党支部党员大会作出规定。

保障党员行使权利和切实履行义务，是我们党的优良传统和鲜明品格。党员大会权利的行使，直接关系到党的组织体系建构、党的权利机制运行、党员队伍发展和党的肌体纯洁。党支部工作条例规定了党员大会的五项职权：一是监督权，即听取和审查支部委员会工作报告，将支部委员会成员置于全体党员的监督之下；二是选举权，包括党支部自身的选举和上级党代会代表的选举；三是接收党员的权力；四是对党员的表彰表扬和处置处分权力；五是决定其他重要事项。党支部党员大会与支部委员会在会议频率、决策内容、决策程序等方面有很大的差别（表2-11）。

表 2-11 党支部党员大会和支部委员会

	党员大会	支部委员会
类型	议事决策机构	党支部日常工作的领导机构
会议频率	一般每季度召开一次	一般每月召开一次，根据需要可以随时召开
决策程序	重要事项决定权	具有前置讨论权，重要事项提交党员大会决定前，一般应当经支委会会议讨论
决策内容	讨论决定重要事项	讨论决定党支部重要工作，侧重于党支部日常工作

（二）党支部的议事决策程序

党组织议事决策程序是确保民主集中制有效落实的必要条件。二大党章规定“本党一切会议均取决于多数，少数绝对服从多数”，并作为党的组织原则的重要内容被确立下来。十九大党章规定，党组织讨论决定问题，必须执行少数服从多数的原则。党支部工作条例规定了党支部党员大会“两个半数”的原则，即党支部党员大会表决必须由半数以上有表决权的党员到会方可进行，赞成人数超过应到会有表决权的党员半数为通过。

（三）党小组的设置和作用

四大党章规定“支部人数过多时，得斟酌情形分为若干小组，每组设组长一人，由支部干事会指定之”。党在革命时期就注重发挥好党小组的作用，如1933年中央组织局给苏区各级党部的指示信中，针对大部分支部很少开小组会的问题，要求支部的日常工作必须在小组中建立起来，支部的日常群众工作要归到每个小组，以小组为基础来健全支部的生活。刘少奇同志在党的七大《关于修改党章的报告》中指出，党的小组不是党的基础组织，只有由支部集中进行不方便的，才分散到小组去进行。党支部工作条例规定，党员人数较多或者党员工作地、居住地比较分散的党支部，按照便于组织开展活动的原则，应当划分若干党小组，并设置党小组组长。《中央和国家机关党小组工作规则（试行）》规定，党员人数在20人以上的党支部，一般应当划分若干党小组；党员人数不足20人的，可以根据工作需要划分党小组。每个党小组一般不少于3名党员，其中至少应有1名正式党员。

关于党小组的设置和作用，一方面要利用其组织活动便利、与党员联系紧密的特点，充分发挥其作用；另一方面，应明确党小组不是党的一级组织，不能以党小组代替党支部。

四、党的组织生活

开展严肃认真的党内政治生活，是我们党的优良传统和政治优势，是党支部直接教育、管理、监督党员的重要形式，是党员进行党性锻炼的重要平台。

（一）党的组织生活制度

二大通过的第一部党章明确规定，每星期由组长召集会议一次，凡党员无故连续两次不到会，该地方执委会必须开除之。四大党章要求，已分成小组之支部，其小组每星期至少须开会一次，由小组组长召集，而支部全体会议，至少每月举行一次。[①] 党员无故连续三次不到会，地方执行委员会必须将其开除。[②] 1928年，中央针对“一切工作归支部”执行中存在的问题，提出“创造党的支部生活”，使党内干部从支部的斗争生活中不断涌现出来。1929年《古田会议决议》提出，通过小组会、支部会、党员大会、政治讨论会等教育方法解决“思想上建

①本书编委会. 中国共产党历次党章汇编（1921—2017）[M]. 北京：中国方正出版社，2019.

②本书编委会. 中国共产党历次党章汇编（1921—2017）[M]. 北京：中国方正出版社，2019.

党”的问题。党支部的组织生活逐步建立健全，成为我们党教育、管理、监督党员，加强思想政治建设的一个重要法宝。刘少奇同志在党的七大《关于修改党章的报告》中提出，党员不仅要参加党的组织生活，而且“必须参加党的政治生活，从政治上来关心党的一切，在政治上对党负责”。[①] 中华人民共和国成立后，在基层支部逐步明确了“三会一课”制度。[②] 八大党章对党员参加党的组织生活作出要求，并规定“党员没有正当理由，六个月不参加党的生活，或者不交纳党费的，就被认为自行脱党”。[③] 党的十一届五中全会通过的《关于党内政治生活的若干准则》明确规定，每名党员不论职务高低，都必须编入党的一个组织，参加组织生活。党的十二大将这一原则写入党章，并将“党的一个组织”具体化为党的一个支部、小组或其他特定组织。同时规定，党员要“接受党内外群众的监督”“不允许有任何不参加党的组织生活、不接受党内外群众监督的特殊党员”。这一重要原则一直延续至今，成为党的组织生活的基本要求。2016年10月，十八届六中全会通过的《关于新形势下党内政治生活的若干准则》强调，党要管党必须从党内政治生活管起，从严治党必须从党内政治生活严起。同时提出，“三会一课”要突出政治学习和教育，突出党性锻炼，坚决防止表面化、形式化、娱乐化、庸俗化。十九大党章强调“加强和规范党内政治生活，增强党内政治生活的政治性、时代性、原则性、战斗性”。

党支部主题党日活动是落实基层党支部组织生活、从严教育管理党员的有效途径。党支部主题党日活动不是独立于“三会一课”的另一种组织生活形式，党支部要根据自身实际情况，将主题党日活动作为一

---

①本书编委会. 中国共产党历次党章汇编（1921—2017）[M]. 北京：中国方正出版社，2019.

②“党的组织生活”的由来与演变[J]. 新长征，2017（1）：65.

③本书编委会. 中国共产党历次党章汇编（1921—2017）[M]. 北京：中国方正出版社，2019.

个载体，将“三会一课”纳入其中。此外，关于“每月固定一天”主要是频度要求，为的是保证党的组织生活的规律化、常态化，关键是提高组织生活质量，避免形式化。

（二）党员领导干部双重组织生活会制度

1981年8月，中共中央组织部印发《关于进一步健全县以上领导干部生活会制度的通知》，要求“进一步健全生活会制度。县级以上党委常委除了必须编入党的一个组织参加组织生活外,同时要坚持每半年开一次党委常委(党组)生活会,并及时地向上级党委或组织部门报告生活会情况,开一次报一次”。1990年5月，中共中央印发《关于县以上党和国家机关党员领导干部民主生活会的若干规定》，要求党员领导干部要参加双重组织生活会，既要参加所在支部、小组的组织生活会，又要参加定期召开的党员领导干部民主生活会。党的十四大将这一要求列入党章，并一直沿用至今。党员领导干部要坚持双重组织生活会制度，不仅要编入党的一个支部、小组参加组织生活会，还要从严从实开好民主生活会。

五、党支部委员会建设

“火车跑得快，全靠车头带。”党支部委员会的设置及其产生方式是党支部自身建设的重要内容。

（一）党支部委员会的设置

四大党章规定党支部的工作机构为“支部干事会”，人数为三人。党的六大适应开展土地革命的新形势，提出必须加强党的组织建设，发扬党内民主，实行集体领导。六大党章专门规定党的组织系统，明确党的基本组织是党的支部，明确支部干事会人数为三人或五人，以进行日常党务，联系工农。七大党章将“支部干事会”

改为“支部委员会”，规定最少者三人，最多者十一人。七名党员以下的党支部只选举支部书记一人或正副书记各一人，不设支委。[①]晋冀豫边区规定支部干事会一般以三人至七人为宜。晋察冀边区对党支部的有关名称和做法又有不同：规定凡是七人以下的支部只设书记一人，或者添一副书记即可；在十五人以内的支部，只设三个委员即可；十五人以上到五十人以下的支部，可设支委五人到七人。社会主义建设初期，党的队伍得到迅速扩大。八大党章规定，总支部委员会、支部委员会选举书记一人，必要的时候可以加选副书记一人到三人。

《党支部工作条例》规定有正式党员七人以上的党支部应当设立党支部委员会，同时将支部委员会人数限定在三至五人，最多不超过七人。支部委员会的设置，既要适应党支部建设和发挥作用的需要，使其内部能够分工合作，便于支委直接联系党员；也要保证支部委员会结构精简、运行高效。党支部设书记、组织委员、宣传委员、纪检委员等，必要时可设一名副书记。不同领域、不同单位可根据实际情况，设置一些与党支部业务相适应的支部委员，如一些统战对象较多的党支部设置统战委员；教学医院承担人才培养重任，青年或学生较多的党支部可以设置青年委员。

（二）党支部委员会的任期

二大党章对基层组织“组”没有规定任期。当时党员较少，基层组织没有领导机构，组长由推举产生。四大党章明确了党支部的地位，创设了党支部干事会，将民主集中制贯彻其中，规定“支部干事或书记任期三个月”。七大党章规定支部委员会任期半年至一年，八大党章统一至一年，十二大党章调整为两年。1992年，党的十四大党章将任期延长为两年或三年，之后一直沿用。十九大党章将基层组织领导班子

①本书编委会. 中国共产党历次党章汇编（1921—2017）[M]. 北京：中国方正出版社，2019.

任期规范为三年至五年。2018年6月，中共中央办公厅印发《关于党的基层组织任期的意见》，明确党的支部委员会每届任期一般为三年，其中村和社区党支部委员会每届任期为五年。

2018年11月，《党支部工作条例》明确规定，除村、社区党支部委员会每届任期5年，其他基层单位党支部委员会一般每届任期3年。2020年7月，中共中央印发《中国共产党基层组织选举工作条例》，届期要求同前，指出如需延期或者提前进行换届选举，应当报上级党组织批准，延长或者提前期限一般不超过1年。

（三）党支部委员会的产生程序

二大党章规定党的基层组织负责人为“组长”，由公推产生。四大党章明确“每支部公推书记一人或推三人组织干事会”。这是党章早期对党支部委员会作出的规定，确立了支部领导机构建设的重要原则，即党员不多时设书记1人，党员人数多时设干事会，实行对支部的集体领导。党的四大确定支部基本组织地位，设立支部领导机构干事会，适应了四大提出的“组织问题为吾党生存和发展之一个最重要的问题”“将党的组织建设的重点从执行委员会和地方委员会转移到支部建设上来”的重大转向，也为毛泽东同志以后提出“支部建在连上”、构建军队党的组织体系打好了制度和实践基础。1928年，六大党章清晰了干事会和书记的产生程序，即支部选举干事会，干事会选举支部书记。1990年6月，中共中央印发《中国共产党基层组织选举工作暂行条例》，进一步规范了支部选举工作程序。十九大党章规定，中国共产党是按照民主集中制原则组织起来的统一整体，党的各级领导机关，除它们派出的代表机关和在非党组织中的党组外，都由选举产生；支部委员会由党员大会选举产生。2020年7月，中共中央印发《中国共产党基层组织选举工作条例》，明确党支部委员会由党员大会选举产生，党支部书记、副书记一般由党支部委员会会议选举产生。

（四）党支部书记的任职条件

党支部书记作为基层党组织的“领头雁”，具有至关重要的作用，其履职能力高低直接关系到支部工作好坏。《党支部工作条例》指出党支部书记应当具备良好的政治素质，热爱党的工作，具有一定的政策理论水平、组织协调能力和群众工作本领，敢于担当、乐于奉献，带头发挥先锋模范作用，在党员、群众中有较高威信，一般应当具有一年以上党龄。如表2-12所示，公立医院党支部书记的任职情况，主要有三种类型。

表 2-12　公立医院党支部书记任职情况

类型	任职方式	待遇	主要特点
1	由内设机构主要负责人担任，根据实际工作需要设置一名副书记，主要负责人非党员的，党支部书记由其他负责人担任	—	有利于发挥政治功能，有利于党建与业务工作相融合
2	由内设机构其他负责人担任	享受与主要负责人同等政治待遇	有利于发挥政治功能，在一定程度上有利于形成权力的制约机制
3	专职党支部书记	享受与主要负责人同等政治待遇	有更多的时间和精力开展党建工作

2017年，国家卫生健康委员会组织的一项专题调研结果显示，被调查医院中，39.2%的党支部书记由内设机构负责人担任。中共中央办公厅印发的《关于加强公立医院党的建设工作的意见》以及国家卫生健康委党组印发的《关于加强公立医院党的建设工作的意见实施办法》，明确党支部书记一般应当由内设机构负责人中的党员担任，并享受与主要负责人同等的政治待遇。内设机构负责人和党支部书记由一

人担任的，可配备一名副书记。自此，公立医院党支部书记逐渐调整为由内设机构负责人担任。有的医院考虑到内设机构主要负责人业务工作繁重，为更好地做好党建工作，党支部书记由其他负责人担任，并相互监督；有的考虑到主要负责人担任党支部书记更有利于党建工作和业务的融合开展，逐渐调整为主要负责人党建与业务一肩挑。尽管路径不一，但目的都是为了进一步加强公立医院基层党组织的战斗力。2018年5月，教育部印发《中共教育部党组关于高校教师党支部书记"双带头人"培育工程的实施意见》，推动教师党支部书记"双带头人"培育工程，即把学术带头人培养成党建带头人、把党建带头人培养成学术带头人，不断健全党支部书记履职尽责、培养培育、管理监督、激励保障、示范带动等机制，提高党支部书记的凝聚力、号召力、执行力。高校附属医院是医学高等人才培养的第一线，按要求开展教师党支部书记"双带头人"培养工程，为落实公立医院加强党的建设，实现党建思政与业务工作深度融合提供组织保障。①

［**案例**］

大型公立医院党支部建设调查报告

（2017年10月）

党支部是党的基层组织，是党在社会基层组织中的战斗堡垒。在当前全面从严治党、全面深化医疗体制改革、加快建设"健康中国"的新形势新要求下，如何充分发挥好大型公立医院党支部的战斗堡垒作用，推动医院健康可持续发展，是摆在医院党务工作者面前的重要课题。

①张锐，平飞，文庆辉，普正平，钟莲梅，颜光前.高校附属医院教工党支部书记"双带头人"培育机制研究——以昆明某医院为例[J]. 现代医院，2021，21（1）：31-34.

一、调查的基本情况

为较准确了解大型公立医院党支部建设的状况，研究团队精心设计，面向全国10家三甲医院进行了问卷调查。调查共回收有效问卷393份，主要涉及支部基本情况，支部及支部书记设置、职责、选任条件、工作保障和考评等6个方面66个问题。

调查对象为在职支部书记或支部委员，覆盖黑龙江、陕西、宁夏、山东、北京、安徽、四川和湖南等地8家大型综合三甲医院，及2家大型三甲专科医院，共393个支部参与此次调查。其中，临床医技科室支部272个、机关行政部门支部83个、学生支部14个、其他支部24个。

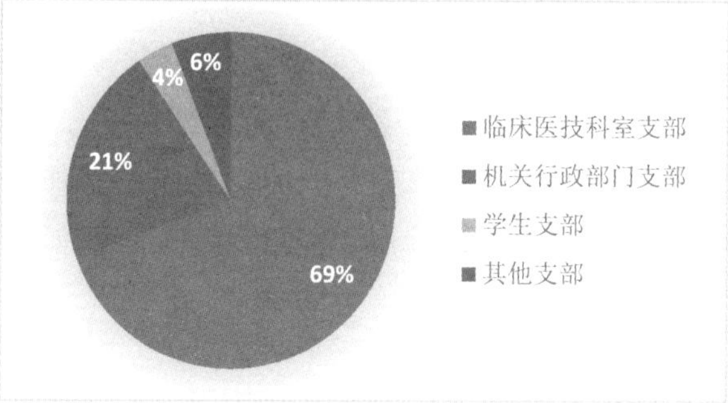

图2–1 调查支部基本构成

二、党支部建设的基本情况

1.支部设置情况

从调查结果看，66.7%的党支部设置按科室（部门）设置，21.4%的党支部按科室（部门）分布、工作性质是否相近等因素划分。支部建在科室上有利于组织管理，同时也便于发挥党支部在科室发展中的政治作用。

393个支部中，89.5%的支部党员人数小于50人，有115个支部设有1名副书记。39.8%的支部设有3名支委，21.1%的支部设有5名支委。支委主要设置有组织委员、宣传委员、纪检委员和统战委员等。57.6%的支部设有党小组，88.6%的支部所在单位设有党总支。

2.支部书记选任条件

24.8%的支部书记由医疗组长、护士长、科长等职务兼任，22.5%的支部书记由主任（部门正职领导）兼任，14.9%的支部书记由副主任（部门副职领导）兼任，还有14.6%的支部为专职支部书记。

64.7%的单位对支部书记在政治上有明确的要求。61.6%以上的单位对支部书记选任未设置明确的职称限制，26.4%的单位要求支部书记为高级职称，11.5%的单位要求支部书记具备中级职称。66.3%的单位对支部书记学历未做明确要求，27.1%的单位要求本科及以上学历，28.4%的单位要求支部书记在专业（学科）领域有较大的影响力。79.0%的单位对支部书记年龄未做明确要求，14.0%的单位要求支部书记年龄应不超过50岁。

3.支部活动开展情况

95.7%的支部较好地贯彻落实了中央和上级组织重大决策部署；98.2%的支部上一年度召开了组织生活会，98.0%的支部开展了党员民主评议。

“三会一课”制度执行情况：①48.6%的支部召开党员大会4~6次，33.8%的支部召开党员大会7~12次。②30.5%的支部召开支委会4~6次，40.0%的支部召开支委会7~12次，16.4%的支部召开支委会超过12次。③26.9%的支部召开党小组会少于4次，25.5%的支部召开党小组会4~6次，32.4%的支部召开党小组会7~12次。④39.4%的支部书记讲党课超过3次，36.3%的支部书记讲党课2次，19.2%的支部书记讲党课1次，5.1%的支部书记未能完成讲党课要求。⑤开展职工思想政治教育学习情况显示，13.8%的支部开展4次以下，38.2%的支部开展4~6次，36.6%的支部开展7~12次，10.7%的支部开展次数超过12次。

谈心谈话制度执行情况和高层次人才发展情况提示：39.9%的支部书记与高层次人才、青年教师谈心谈话次数在4次以下，30.3%的支部书记谈话次数4~6次，21.4%的支部书记谈话次数7~12次，8.4%的支部书记谈话次数达12次以上。62.3%的支部在最近两年没有发展副高职称及以上的党员，26.2%的支部发展副高职称及以上的党员人数为1~2名。

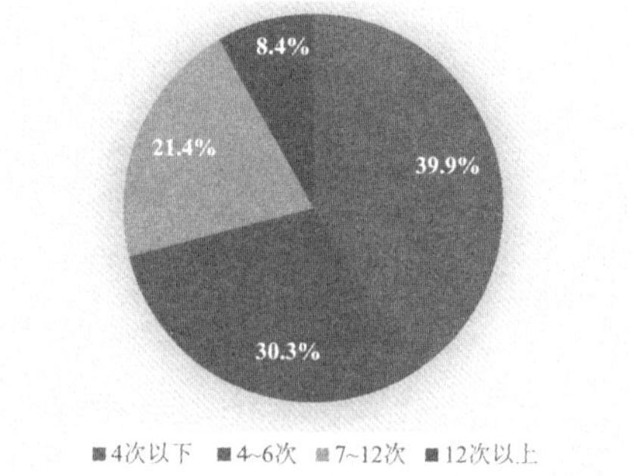

图2-2　与高层次人才、青年教师谈话饼图

调查年度内，29.2%的支部开展组织生活次数少于4次，34.9%的支部开展4~6次，27.2%的支部开展7~12次，有8.7%的支部开展次数超过12次。大部分支部采用传达学习中央和上级重要精神，领导讲话、作报告、看视频等形式开展组织生活；86个支部涉及采用讨论业务或部门（科室）工作的方式；76个支部以开展义诊、扶贫等志愿服务形式开展组织生活。调查对象中20.3%党员对组织生活质量表示非常满意，66.2%表示满意，13.3%评价一般。

党务公开条目主要涉及内容依次是：院党委和支部工作计划与总结，党的主题教育开展情况，支委、科室班子等分工及调整情况，党费交纳等，组织生活会开展及整改落实情况，支部“三会一课”开展情况，党员发展情况，评优评先情况，科室党风廉政行业作风建设情况，科室“三重一大”等重要事项征求意见情况。最常用的党务公开方式依次是：公开各类文件、通知等材料，采取办公平台、新媒体（如QQ、微信等）和科务会等形式通报，利用信息栏、宣传栏和电子显示屏等载体展示。

党风廉政行业作风建设、党建目标责任和意识形态工作被认为是支部书记的最主要工作职责。被调查者认为，相比年初明确的工作计划和年终党建专项考核，年终专项督导落实相对不足。17.5%的支部开展党风廉政行业作风建设教育活动次数超过5次，48.7%的支部开展3~4次，32.5%的支部开展1~2次。红包、回扣、药品招采、物资设备申请及采购被认为是最主要的廉洁风险点。3.6%的支部在近两年存在党纪处分或相关处罚。

4.支部书记条件保障情况

在支部书记职责定位和作用发挥调查中，32.8%的临床支部书记职级低于科室主任；31.0%的临床支部书记与科室主任的职级相同，同为主要负责人；33.3%的医院对临床支部书记与科室主任职级没有明确规定。在“三重一大”事项决策方面，51.4%的支部书记参与监督行政工作；28.8%的支部书记与行政正职拥有同等决策权，党政同责；3.9%的支部书记不参与科室管理小组会议，参与科室重大决策有限；15.9%的支部对支部书记和行政正职领导的责权没有明确的规定。

工作认知方面，支部书记对党建工作的认识参差不齐。43.6%的支部书记业务时间精力投入远大于党建工作，36.9%的支部书记在业务和党建的时间精力投入基本相同，9.3%的支部书记党建投入远大于业务工作。57.2%的支部书记认为开展党建工作与业务工作可以相互促进、共同进步；23.5%的支部书记认为党建工作对业务工作影响较小；13.9%的支部书记认为党建工作较大影响了业务工作。196位支部书记从事党务工作是因被组织推选出来等原因，159位支部书记希望能够为更多师生职工服务而从事党务工作，54位支部书记是因为对党务工作感兴趣而从事该项工作。

在党务干部的培训交流和能力提升方面，45.6%的支部所在医院没有党务干部的岗位交流机制，75.7%的支部所在医院建立了党务干部的后备培养或人才储备计划。支部书记一年内参加培训的情况提示，54.5%的支部书记参加过3次及以上党务工作专项培训，27.0%的支部书记参加过2次，12.5%的支部书记仅参加过1次，6%的支部书记属于其他情况。

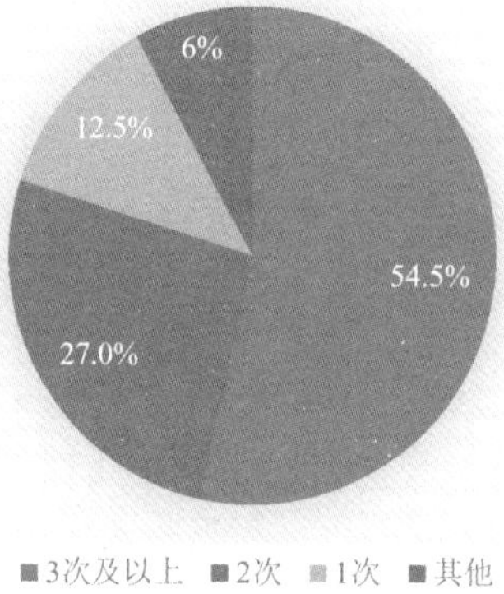

图2-3 党务专项培训饼图

党建研究方面，84.6%的支部书记以主研身份开展党建课题研究。71.5%的支部书记近两年没有参加过全国卫生行业党建类学术会议，22.3%的支部书记参加过该类会议，4.1%的支部书记参加并发言。75.6%的支部书记认为自己能胜任新形势下的党建工作，7.5%的支部书记对工作内涵和要求常理解不透，10.3%的支部书记感觉工作能力有较大不足。

经费保障方面，62.1%的支部所在医院以党员人数或支部为单位划拨党建工作经费。27.4%的支部可以根据工作或活动需要申请经费，51.3%的支部书记认为党建经费不足以支撑和保障各项工作与活动开展。

职业发展路径方面，45.3%的支部书记认为自己下一步有较大的上升和发展空间，38.9%的支部书记认为很难有机会上升和发展或预计将在本岗位退休。91.6%的受访对象愿意继续从事党务工作。

5.支部及支部书记考评情况

调研提示党建考核机制正逐步完善。54.8%的支部所在单位有单独的党建考核指标体系和实施办法，29.5%的支部所在单位将党建工作作为科室综合管理考核的一部分。65.4%的医院将支部党建考核结果作为评奖评优的重要依据。对支部书记的考核主要采取民主测评、述职评议和业绩量化等方式。171个支部书记考核结果纳入科室（部门）整体业绩评定，101个支部书记考核结果与个人职务晋升、奖酬金发放等直接挂钩。69.0%的支部书记对支部工作总体满意，25.3%的支部书记对支部工作非常满意，5.7%的支部书记认为支部工作一般或不满意。

三、党支部建设存在的主要问题

1. 党支部建设重视不够，投入不足

临床科室党支部对党建工作投入时间和精力不足，从一定程度上限制了支部作用的发挥。支部书记以兼职为主，少数设置专职党支部书记；党支部委员力量不足、动力不够，缺乏有效的党内激励和培养体系。党务工作人员晋升困难，职业天花板明显，工作积极性不高。81.5%的支部书记开展党建工作没有科学认定工作量和相应的待遇支撑，57.8%的支部书记反映党务干部职称晋升困难。

2.“三会一课”制度执行不够

临床医技科室支部既要做业务工作，又要做党务工作，时间难落实、人员难集中、支部活动难组织，客观上造成了支部“三会一课”执行不够严格等问题。13.1%的支部召开支委会不足4次，27.8%的支部召开党小组会少于4次。

3.支部书记治理能力不够

部分支部书记对党的理论知识和现代医院管理知识还缺乏全面系统的了解，学用结合有待提高。对党支部面临的新情况、新问题、新挑战没有充足的准备，认识比较模糊。43.6%的支部书记业务投入时间远大于党建工作。少数支部书记从事党务工作缺乏主观意愿。高层次人才党员发展数量不足，与青年教师、留学归国人员、学生等谈心谈话落实不够。

4.支部战斗堡垒作用和党员先锋作用发挥不够

支部不能有效参与科室（部门）重大问题决策或发挥作用不够。少数支部书记对业务发展把不准方向，发不起言、发不对言，久而久之支部影响力逐渐衰减。个别党员参加党的组织活动不积极，个别党员甚至长期不参与组织活动，先锋模范作用发挥不明显。

5.党建工作与业务工作脱节，党支部活动创新不足

部分党员干部对党建工作的认识还不到位，认为与临床医疗工作和学科发展关系不大，党建工作与业务工作脱节，呈现“两张皮”的现象。许多医院的党建工作依旧沿用老旧方式，内容单一枯燥虚化，活动简单化、形式化，缺乏吸引力，难以满足社会发展要求和医院实际发展需要。

四、启示和建议

1. 加强队伍建设，提高业务能力

选优配强支部书记、支委等党建工作力量。选拔政治素质高、群众基础好、协调能力强、热心党务工作的党员干部特别是年轻同志加入党务工作队伍，真正把想干事、会干事、干成事的同志选到党务干部队伍中来。加强对党务工作者的培训，重点提升其对新形势新变化的分析判断能力、对复杂局面的应对化解能力、对具体工作的执行落实能力。加强对党员的教育培训和管理，强化党员身份意识，健全党员工作业绩和服务质量改进评价体系，提高党员同志的感知度和党员在群众中的认可度。

2.明确职责定位，提升工作实效

从制度上进一步明确和规范党支部参与学科发展规划、人才引进培养、职称岗位评聘等重大问题决策。深入推进科室工作与支部建设交叉融合，真正把党建工作的落脚点放到推动科室、学科和医院发展中来。充分发挥党支部的思想政治工作优势，把政治素质过硬、业务过硬的优秀学术骨干培养成党员，同时帮助党员提高业务能力，把党员培养成业务骨干。充分发挥党员在业务开展、技术创新、服务质量提升、社会服务等方面的模范带头作用，使党支部建设引领和推动业务工作不断向前

发展。

3. 规范工作体系，科学考核评价

切实加强医院党委对党支部党务工作的指导和监督，不断完善党建工作责任体系，让党支部开展工作既有压力，又有动力，既有温度，又有硬度。督促党支部不断提高实际工作能力，进一步加强党支部建设标准化规范化，一以贯之全面从严治党。

4.健全保障体系，激发工作活力

强化党支部工作保障条件的落实，加强党组织和党员活动经费管理、使用和落实。完善党支部书记、党支部委员的考核激励机制，积极探索试点支部的党员考核。重点规划党务工作者的职业发展路径，以及畅通晋升渠道，探索建立健全党内激励、关怀、帮扶的成长机制，搭建好党员干部的成长和实现人生价值的平台，把党组织建成真正的党员之家。

第三章
公立医院党支部建设的发展历程和内容要点

基层党组织建设是加强公立医院党的建设工作的基础和关键。从建立卫生队、医务所，到建立红军医院、战地医院；从中华人民共和国成立后接管和建设公立医院，到推动公立医院综合改革，党的领导和党的建设贯穿始终。党的十八大以来，以习近平同志为核心的党中央高度重视公立医院党建工作，把抓基层强基础工作摆在突出位置，出台了一系列政策举措，公立医院党支部建设进入新的历史时期。本章在收集中国共产党历史和党领导的医疗卫生事业发展史等有关资料和文献的基础上，系统回顾了党领导的医疗卫生事业及其公立医院党组织的发展历程，梳理了新时代公立医院党支部建设的内容要点。

第一节　党领导的卫生健康事业及其公立医院党组织的发展历程

党领导的医疗卫生健康事业发展与党团结带领全国各族人民进行革命、建设社会主义、改革开放的历程紧密相连。本节综合医疗卫生体制的改革走向和关键事件节点，联系行政体制改革、经济体制改革等外部环境的变化，对革命时期、建设社会主义时期和改革开放时期党领导的医疗卫生事业及其公立医院党组织的发展历程进行梳理，对各时期卫生健康事业，特别是公立医院党的建设情况进行简要介绍。

一、党领导的具有中国特色卫生事业的开端

从中国共产党成立到中华人民共和国成立，党领导广大军民建立起独具特色的医疗卫生组织，开展战伤救护和卫生防疫工作，形成了务实高效的医院政治工作机制，为党领导的医疗卫生事业发展奠定了基础。

革命卫生工作与革命军队、革命根据地相伴而生。中国共产党成立初期，面对严峻的革命斗争形势，保障军民健康就是保护军队的战斗力，也是保障根据地的社会劳动生产力，卫生工作在革命斗争中的地位和作用越发凸显。中国共产党领导武装起义、创立革命军队初期，由于部队成分复杂，组织极不健全，军队卫生工作十分薄弱。一些起义部队承袭了旧部队的卫生组织和人员，并以此为基础设立本部队的卫生组织。但党领导的绝大多数武装起义部队没有专门的卫生组织，也少有专门的卫生人员。

1927年9月秋收起义后，考虑到许多受伤官兵急需医治，加上部队疟疾流行，前委[①]决定成立第一团卫生队，并设政治委员，形成了区别于旧卫生组织的鲜明特征，成为党领导下具有中国特色卫生事业的开端。[②] 1928年夏，红四军军委决定建立“红光医院”，后改名为“小井红军医院”，成为中国共产党领导的工农红军创建的第一所正规部队医院[③]。小井红军医院在党的领导下，克服了缺医少药、疫病肆虐等重

①中国共产党中央在第二次国内革命战争时期于前线设有领导对敌作战的前敌委员会，第三次国内革命战争时期也曾设立类似的前线委员会，都简称“前委”。

②李乾坤. 红军时期中国共产党的医疗卫生工作研究（1927—1937）[D]. 河南：河南师范大学，2016.

③王永华. 见证人民军队历史上第一所正规医院[J]. 党史纵览，2013（5）：42-46.

重困难，利用有限资源竭尽所能救治伤病员，保证了红军指战员的健康，提升了部队战斗力。

1929年12月，古田会议确立了红军卫生工作“一切为了伤病员”的指导思想。会后，每一所红军医院均成立了党支部，红军伤病员以排、班为单位建立相对应的党支部或党小组，党支部委员及党小组组长由广大伤病员投票选出。此外，红军医院相继建立思想政治工作领导机构，强化了党对卫生工作的领导，保障了各项方针政策在医务人员和伤病员中的有效贯彻实施。苏维埃中央政府成立后，各级地方卫生管理机构也逐步建立起来。1934年7月红军总卫生部制定的《中国工农红军医院政治机关工作暂行条例》和红军总政治部出台的《关于医院政治工作的训令》均强调了要“从政治上提高医疗技术”，着力救治战争时期军队伤病员。

红军长征时期，各苏区刚刚起步的卫生事业被迫中断，军队卫生组织缩编，但广大医疗卫生工作者在艰苦卓绝的长征考验中锻造了过硬的医疗救治本领，不仅降低了伤病员的死亡率、伤残率，大大减少了非战斗减员，而且红军所到之处，医务人员主动为当地百姓免费治病，开展群众卫生运动，积极宣传卫生知识，在农村掀起了一场史无前例的卫生革命[①]，党领导的卫生事业得到延续。

抗日战争时期，党领导的卫生组织克服重重困难，巩固了部队的战斗力，保障了各抗日根据地的军民健康。这些卫生组织在提高广大医疗卫生工作者技术水平的同时，高度重视政治学习，开展活跃的政治工作，使广大卫生人员充分认识到卫生工作对抗战事业、军队战斗力及根据地人民群众健康的重要意义。

1938年，抗战最艰难的岁月，大批爱国知识分子掀起了一场奔赴延安的热潮，其中包括傅连暲、何穆、金茂岳、魏一斋、侯健存等国内知名医生。在广大医务人员的共同努力下，陕甘宁边区建立了较为完整的医疗系统，并创办了中国医科大学、白求恩护校等医

①张勇安. 医疗社会史研究[M]. 北京：中国社会科学出版社，2018.

药学校，为边区培养输送了大批医疗卫生人才。[①] 为了加强对医疗专家的团结工作，边区医院一方面做好物质保障，为其医疗技术专长的发挥提供必要条件；另一方面注重做好思想工作，加强统战工作。为了团结改造知识分子，毛泽东、周恩来、朱德等中央领导同志亲自做了大量工作，帮助他们解决实际问题和思想问题。从1942年开始，许多党外专家陆续加入了中国共产党。[②]

1941年，由中国共产党陕甘宁边区颁发的《陕甘宁边区施政纲领》中提出，针对缺乏基本医疗条件的广大农村地区，人民群众得病无处诊治的情况，“要推广卫生行政，增进医药设备，欢迎医务人才，减轻人民疾病之目的”。1943年6月，晋察冀军区政治部印发《关于卫生部门政治工作几个问题的决定》，完善了军队卫生工作部门的政治工作制度。其主要内容包括：从政治上重视医疗技术，形成尊重技术、学习技术的氛围；坚持“一切为了伤病员”的工作原则，提高工作责任心，重视人的生命，强调努力克服一切困难；从严要求提高工作的纪律性。由军区卫生部拟定各种工作细则，建立工作制度，严肃工作纪律；从整风运动中加强团结，反对自由主义、宗派主义，发扬自我批评的精神。1944年10月，毛泽东在陕甘宁边区文教大会上强调，必须要将群众卫生运动放到文教工作第一位，并明确这是文教活动的重要指导方针，因为救命是最重要的。[③] 通过这些政策的实施，广大农村地区有了基本的医疗服务，人民群众身体健康得到切实保障，红军医院等实际意义上的公立医院的公益属性逐渐彰显。

解放战争时期，规模较大的正规医院仍然较少，党领导的卫生组织多系根据战场需要临时设立的战地医院。这一时期，战争形式由游击战、运动战向城市攻坚战转变，医疗工作难度大幅度提升。由于部队大范围跨区域作战，战争历经地区的自然地理条件差异大，气候复杂多

①梁星亮，杨洪.中国共产党延安时期政治社会文化史论[M]. 北京：人民出版社，2011.

②本书编委会.白衣战士的光辉篇章——回忆延安中央医院（1939.04—1950.08）[M]. 西安：陕西人民出版社，1995.

③教育科学研究所筹备处.老解放区教育资料选编[M]. 北京：人民教育出版社，1959.

变，官兵极易感染疾病。如1947年3月解放军某医院统计，冻伤占住院伤病员17%[①]。由于医用物资严重匮乏，战争初期最困难时，医护人员只能自制、改良或利用现有工具替代医疗器械。随着战争规模扩大，医疗需求急速增加。在中原军区，一个医生要负责一百多名伤病员，多的达二百名；一个护士平均照顾三十名以上的病人，医护人员身兼数职成为普遍现象。[②]由于大部分医护人员是通过卫生学校、各类短训班或战事急需而临时培训出来的，缺乏完整而系统的专业训练，缺少实战经验，医护人员的技术水平整体不高。

这一时期党和军队采取多种措施，加强改进军队卫生工作，抓牢医务人员思想政治工作，培养了一支富有战斗力的卫生工作队伍，为中华人民共和国成立后的卫生事业发展积累了宝贵经验。以东北地区为例，1948年1月，东北军区卫生部召开卫生工作会议，提出“一切为了伤兵、一切为了部队的健康”的指导思想；组建伤病员管理委员会，对伤病员中发生的问题采用民主管理的办法，集体讨论处理；为关内各行政区训练医疗骨干，既缓解了医务人员的短缺，又提升了医务人员的技术水平。东北军区卫生部先后组建医院、学校、军师两级卫生部门和药材生产单位等卫生机构三百二十七个，集中培训各类医务人员三万五千四百多名，收治伤病员近三十六万名，治愈率达70%，筹措了大量药品器材和生物制品，为保证东北解放战争的胜利作出重要贡献。[③]

二、公立医院及其党组织的建立

（一）党领导的公立医院的建立

中华人民共和国成立伊始，医疗基础非常薄弱，卫生资源极度

①孙仪之. 解放战争时期野战卫生工作的回顾[J]. 人民军医，1983（2）：8-11.

②陈莹. 解放战争时期人民军队的战救工作[J]. 军事历史研究，2020，34（6）：93-108.

③福录. 保证人民健康　服务解放战争——东北解放区医疗卫生保健事业的建立与发展[J]. 党史纵横，1996（12）：24-27.

匮乏且分布不均，卫生健康工作面临着传染病、寄生虫病和地方病流行的严峻形势。人均预期寿命不足35岁，婴儿死亡率高达25%。全国仅有医疗卫生机构3 670个，床位8.46万张，卫生技术人员50.5万人。[①] 中华人民共和国成立后，在毛泽东等中央领导同志的重视和关怀下，党和政府对留存下来的各类医疗机构进行接收、整顿和改造，尤其是党领导下的公立医院逐步建立和发展起来，成为保障人民群众身体健康的重要主体，医疗卫生事业进入一个新的发展阶段。

1949年9月，中央人民政府卫生部成立，并按照国家行政区划，设置省、市、县三级卫生行政机构。卫生部统一规划分配公立医院人员事业编制。医务人员的工资由人事部门按照行政级别和统一标准核定。1950年8月，党中央召开了第一届全国卫生会议，确立了“面向工农兵”“预防为主”“团结中西医”的卫生工作三大原则[②]，确定了在计划经济体制下，逐步建立起“福利性、公益性、平等化”的能够满足社会成员基本医疗卫生需求且合理布局的医疗卫生体系。1951年4月，卫生部下发《关于健全和发展全国卫生基层组织的决定》，广大农村、城市街道和工矿企业普遍建立起基层卫生组织。[③] 1951年9月，中央印发《中央关于加强卫生防疫和医疗工作的指示》，要求“各级党委今后必须把卫生、防疫和一般医疗工作看作一项重大的政治任务，对卫生工作人员必须加以领导和帮助”。1951年底，全国县级卫生机构已全部建立，公立医院比中华人民共和国成立前增加了257%，病床增加了3倍[④]。1952年12月，第二次全国卫生会议进一步分析卫生工作的问题与

①《新中国卫生事业60年》编辑委员会. 新中国卫生事业60年[M]. 北京：人民卫生出版社，2009.

②中共中央党史研究室.中国共产党历史：第2卷（1949—1978）[M]. 北京：中共党史出版社，2011.

③中共中央党史研究室. 中国共产党的九十年[M]. 北京：中共党史出版社，党建读物出版社.

④柳勉之. 新中国的妇女在前进[M]. 北京：生活·读书·新知三联书店，1953.

不足，基于爱国卫生运动的成功经验，号召要动员全国人民广泛参与其中，增加“卫生工作与群众运动相结合”的行动方针。

公立医院的领导体制在实践中不断演变。1956年9月，中共八大明确了以党委为核心的集体领导和个人负责相结合的领导体制①，公立医院逐步建立起党委领导下的院长负责制。1962年，卫生部《关于改进医院工作若干问题的意见》提出了院务委员会领导下的院长负责制，党委书记参加院务委员会，党组织在上级党委的领导下对医院工作起监督保证作用。1978年12月，卫生部颁布《综合医院组织编制条例》，规定医院实行党委领导下的院长分工负责制，有利于促进医疗卫生事业发展。

中华人民共和国成立后，人民政府对外国在华医疗机构实施了接管。1951年2月，卫生部在北京召开了华北区处理接受美国津贴的医院会议。会议通过《处理接受美国津贴的医疗机构实施办法草案》，协商拟定了对华北区各接受美国津贴的医院的具体处理办法。会议确定了“保证其业务不受影响并充分发挥效能、以应广大人民的医药要求，不得减缩业务范围，尤应防止财产的转移、损害和破坏；其由政府接办和合办的医院，中国员工一律原职原薪留用”的原则，拟定了对接受美国津贴的医院的三种处理方式：政府接办、改为中国人民自办、改为与政府合办。② 其他各大行政区依据政务院的决定，并参照华北区处理接受美国津贴的医疗机构实施办法，结合本地的具体实际对外国在华医疗机构实施了不同的处理办法。

当时正在国外进修深造的一大批知识分子，不惜中断学业，放弃国外优厚的工作、生活条件，千方百计地返回祖国，报效国家。以四川大学华西医院为例，1950年前后回校在医学院任教的老师有：乐以成、陈钦材、江晴芬、徐国清、张光儒、杨振华、张儒君、杨嘉良、熊壁双、陈官玺、邓述高、张玉钿等。

---

①李娜. 中共八大以来执政党党建探索与突破[J]. 人民论坛，2015（20）：52—54.

②中央人民政府卫生部. 处理华北区接受美国津贴的医院[N]，人民日报，1951-02-25(1).

（二）公立医院党组织的建立

人民政府在建立和接管公立医院时，同步建立党的组织，开展党的工作。周恩来同志在第一届全国人民代表大会第四次会议上所作的政府工作报告指出："对于科学事业的领导有两个方面，一方面是学术领导，另一方面是政治思想上行政上的领导"①。在党的领导下，公立医院党组织逐步建立并日益完善，党组织的作用得以发挥。

1948年起，北京协和医院先后成立"协新社"和"唯物社"等党的外围组织，积极宣传党的政策，为保全医院师资、财产和设备作出了贡献。1949年8月，北京协和医院地下党组织向群众公开，先期成立了职工支部、学生支部两个党支部，共有党员26名。② 1951年1月，卫生部正式接管了私立北京协和医学院。1953年，中共北京协和医院委员会成立。

1951年10月，人民政府接管原私立华西协和大学，并更名为华西大学，其附属医院转为全民所有制人民医院。1952年9月，按中共川西区党委指示，华西大学成立了由孙毅华、马俊之、张泛舟、康明、唐开正5人组成的党组。同年10月建立中共华大支部，后建党总支，下设教师、学生、附属医院3个党支部。1953年10月，卫生部决定将华西大学更名为四川医学院。1954年5月，经西南局批准，中共四川省委决定撤销四川医学院党组，成立中共四川医学院委员会，下辖4个党总支、2个直属支部，党总支下设19个党支部。

1951年12月，中共齐鲁大学支部在齐鲁医院成立党小组，有党员6名。1953年9月，经中共山东医学院总支批准建立中共山东省立二院支

---

①韩晋芳.1949—1956年中国科技领导体制探析[J]. 当代中国史研究，2020，27（1）：72-82+158.

②北京协和医院《医院史话》编辑组.时代召唤下的协和党建[EB/OL].(2019-10-14)[2021-01-30]. http://paper.pumch.cn/content/2019-10/14/001703.html.

部委员会，有党员25人。1955年，经中共山东医学院委员会批准成立中共山东省立二院总支委员会，设4个党支部。1959年4月，附属医院召开第一次党员大会，选举成立中共山东医学院附属医院委员会，时辖党支部9个。①

中华人民共和国成立前，湘雅医学院已建立地下党支部。1951年3月，中共湘雅支部正式在学校公开身份，有中共党员14人。1951年9月，湘雅党支部扩大为党总支，下设学院和医院两个党支部。1955年2月，湘雅医院党支部扩大为党总支。1962年，湘雅医学院党委决定成立附一医院党委会②。

三、公立医院及其党组织的改革发展

党的十一届三中全会召开之后，我国实行的计划经济体制逐渐被市场经济体制所取代，市场化理念对医疗卫生领域的政策制定产生了较大影响。

（一）公立医院领导体制改革

1982年1月和5月，卫生部先后颁发《全国医院工作条例》和《全国中医医院工作条例（试行）》，要求公立医院实行党委领导下的院长负责制，明晰党委书记与院长职权，“党委书记和院长要向党委负责，贯彻执行党的决议”。1982年4月，卫生部下发《医院工作人员职责》，规定医院党委书记、科室党支部书记的职责是：制订工作计划、监督执行情况；学习政治理论和党的最新方针、政策；掌握全院整体的思想状况、党员的思想动态等，确保党组织负责人权责明确、职责清晰、依法履职、依法尽责，加强公立医院党的制度化、规范化建设。随着社会主义市场经济体制改革的不断深

①李金邦，田道正，张子文. 山东大学齐鲁医院志（1890—2000）[M]. 2000.

②刘笑春，段沛奇.湘雅医院（1906—1996）[M]. 长沙：湖南出版社，1996.

化，1985年4月国务院批转《卫生部关于卫生工作改革若干政策问题的报告》，强调各级医疗卫生机构要积极创造条件实行院（所、站）长负责制，以扩大卫生机构的自主权，充分调动医务人员的积极性。[①]此后，各级公立医院逐渐确立院长负责制的领导制度，扩大了院长行政管理权，实现党政分开。

1990年7月，中共中央下发《关于加强高等院校党的建设的通知》，强调高校应实行党委领导下的校长负责制。从那时起，我国部分高校附属医院恢复了党委领导下的院长负责制。1994年9月，十四届四中全会通过的《中共中央关于加强党的建设几个重大问题的决定》，提出必须进一步巩固和加强数以百万计的党的基层组织，使之成为能够团结和带领群众进行改革开放和现代化建设的战斗堡垒。教育、科技、文化、卫生等单位的基层党组织要认真贯彻党的知识分子政策，加强党对知识分子的工作。1996年12月，中共中央和国务院召开全国卫生工作会议，客观分析改革开放快速发展时期医疗卫生遇到的新问题，深入思考新形势下人民群众的健康诉求，提出了“以农村为重点，预防为主，中西医并重，依靠科技教育，动员全社会参与，为人民健康服务，为社会主义现代化建设服务”的卫生工作方针，核心是卫生工作要为人民健康服务，为社会主义现代化建设服务；既是党和政府对卫生事业改革和发展的基本要求，也是卫生工作必须坚持的正确方向。[②] 1997年1月，《国务院关于卫生改革与发展的决定》明确指出“卫生机构要加强党的建设，实行院（所、站）长负责制。”[③]

2000年3月，中共中央组织部、人事部、卫生部联合印发《关于深化卫生事业单位人事制度改革的实施意见》，强调医院党组织的地位和作用，指出“卫生事业单位实行并完善院(所、站)长负责制……明确院(所、站)长的责、权、利，要充分发挥党组织的政治核心和监督保证

---

①吴佳男. 党委领导下的院长负责制“回归”[J].中国医院院长，2018（16）：27—29.

②胡晓梦,白连锁.全国卫生工作会议在京举行[N].人民日报，1996-12-10.

③中共中央、国务院.国务院关于卫生改革与发展的决定[Z].1997-1-15.

作用。”这一时期召开的全国卫生工作会议全面深刻分析医疗卫生体制现状，坚持以人为本，将人民的健康作为最重要的价值取向，把维护人民健康权益摆在首位，团结动员医务工作者为提高人民健康水平贡献力量。2010年2月，卫生部、中央编办、国家发展改革委、财政部和人力资源社会保障部联合制定的《关于公立医院改革试点的指导意见》，指出要改革公立医院的管理体制，进一步实现政事分开、管办分开，明确公立医院的所有者和管理者的权责；完善医院内部决策执行机制，“三重一大”事项必须通过医院领导班子集体讨论决定，并按照管理权限和规定程序报批、执行；实施院务公开，推进民主管理。公立医院领导体制改革的主要时间节点和内容见表3-1。

表 3-1　公立医院领导体制改革的主要时间节点和内容

时间	文件	内容
1982年	《全国医院工作条例》《全国中医医院工作条例（试行）》	党委领导下的院长负责制
1985年	《卫生部关于卫生工作改革若干政策问题的报告》	实行院（所、站）长负责制
1997年	《国务院关于卫生改革与发展的决定》	卫生机构要加强党的建设，实行院（所、站）长负责制
2000年	《关于深化卫生事业单位人事制度改革的实施意见》	卫生事业单位实行并完善院(所、站)长负责制
2010年	《关于公立医院改革试点指导意见的通知》	“三重一大”事项必须通过医院领导班子集体讨论决定

（二）公立医院的思想政治工作

1978年12月，卫生部在《综合医院组织编制原则（试行草案）》中指出：“医院的基本任务是坚持无产阶级政治统帅，以医疗为中心工作”。1982年1月，卫生部颁布《全国医院工作条例》，突出党的政治思想领导作用，明确提出医院党委、行政都要高度重视思想政治工作，守牢公立医院意识形态领域的主阵地，并与医院业务工作相结合、与解决实际问题相结合。1988年4月和12月，卫生部先后出台《关于进一步深化文明医院建设的几点意见》《医务人员医德规范及实施办法》，要求进一步下大力抓医德医风建设和业务技术建设，做好医疗卫生队伍岗前思想教育培训，建立医德考核与评价制度，在医院领导班子的带领下坚持不懈地建设文明医院。1989年9月，针对部分医院出现违背医院工作方针的现象，卫生部印发《关于进行医院工作方针再教育的通知》，要求各级医院学习贯彻"勤俭办医院，树立全心全意为人民服务的医疗态度"的工作方针，加强对医务人员的思想教育，对照方针查摆问题，改进医疗作风。1992年3月，卫生部再次强调建立医德教育、医德考核和岗前教育制度的重要性，印发《医院工作制度的补充规定》。

2005年，卫生部和国家中医药管理局联合发布《关于切实做好医院管理年活动各项工作的通知》，在全国非营利性医院开展"以病人为中心，以提高医疗服务质量为主题"的"医院管理年"活动，要求各级医院要将该活动与保持党员先进性教育活动相结合，实现"两不误、两促进"。这一时期，公立医院结合保持共产党员先进性教育、社会主义荣辱观教育和治理医药购销领域商业贿赂专项工作等，开展"以人为本"的医院文化建设，注重职业道德建设和行风建设，不断强化服务意识，医疗服务水平得到较大提升。

四、新时代公立医院党的建设工作

党的十八大以来，以习近平同志为核心的党中央把维护人民健康摆在更加突出的位置，召开全国卫生与健康大会，确立新时代卫生与健康工作方针，印发《"健康中国2030"规划纲要》，加快推进"健康中国"建设。"健康中国"战略对公立医院改革和治理提出了新要求，习近平总书记也多次对公立医院工作作出重要指示、发表重要讲话，为新时代公立医院发展和党的建设工作指明了方向。

党的十八大以来，党中央高度重视党要管党、全面从严治党的战略方针，作出一系列重大部署，把全面从严治党的要求体现在治国理政的全过程、各方面。把加强公立医院党的领导和党的建设作为推动全面从严治党的重要领域来抓，有力推动公立医院党的领导体制机制同全面加强党的领导、全面从严治党的要求相适应，同全面深化公立医院综合改革、健全现代医院管理制度的要求相适应，着力破解公立医院党的建设方面存在的问题，补短板、强弱项、打基础。党中央、国务院和有关部门出台的一系列制度措施，从行业特点、发展需求、现实问题等方面精准发力，为全面从严治党、加强公立医院党支部建设提供了重要遵循。

2018年6月，中共中央办公厅印发《关于加强公立医院党的建设工作的意见》，指出公立医院党委要发挥把方向、管大局、作决策、促改革、保落实的领导作用，并对公立医院的党组织任务作了明确要求。同年8月，国家卫生健康委党组制定《加强公立医院党的建设工作的意见实施办法》，细化支部设置、支部书记责任、党员发展管理、党建考核、文化建设等14个方面内容，使公立医院党建工作指导更加具体。2019年12月，国家卫生健康委员会办公厅发布《关于印发公立医院章程范本的通知》，把党建工作要求写入医院章程，明确了党组织在医院内部治理结构中的地位和作用，“公立医院内设机构党组织是党在公立医院全部工作和战斗力的基础，要充分发挥战斗堡垒作用”。2021年6月，国务院办公厅印发了《关于推动公立医院高质量发展的意见》，强调把党的领导融入医院治理全过程环节，把党的建设落到实处，进一步推进党支部标准化规范化建设，以高质量党建引领公立医院高质量发展。新时代公立医院党支部建设的部分重要制度文件见表3-2。

表 3–2　新时代公立医院党支部建设的部分重要制度文件

时间	政策名称	发文单位	相关主要内容
2017年7月	《关于建立现代医院管理制度的指导意见》	国务院办公厅	全面加强公立医院基层党建工作： 1.建立健全医院内设机构党支部，选优配强党支部书记，充分发挥党支部的政治核心作用，把党支部建设成为坚强战斗堡垒 2.坚持把党组织活动与业务工作有机融合，防止“两张皮” 3.认真贯彻落实《关于新形势下党内政治生活的若干准则》《中国共产党党内监督条例》，推进“两学一做”学习教育常态化制度化，严格“三会一课”、民主生活会和组织生活会、主题党日等制度 4.严格发展党员和党员教育管理工作，引导党员充分发挥先锋模范作用
2018年6月	《关于开展制定医院章程试点工作的指导意见》	国家卫生健康委员会办公厅、国家中医药管理局办公室	1.明确党建工作要求、管理体制、组织结构、决策机制、管理制度、监督机制、文化建设、群团建设 2.明确党组织在医院内部管理结构中的地位和作用，其中公立医院应当充分发挥党委的领导作用
2018年6月	《关于加强公立医院党的建设工作的意见》	中共中央办公厅	1.把党的领导融入医院治理各环节，使党建工作要求得到充分体现 2.把党支部建设成为坚强战斗堡垒 3.推进党组织和党的工作全覆盖 4.抓好党支部书记选拔培养激励 5.做好发展党员和党员教育管理工作
2018年8月	《关于改革完善医疗卫生行业综合监管制度的指导意见》	国务院办公厅	坚持和加强党的全面领导，不断完善医疗卫生行业党建工作领导体制和工作机制。医疗卫生机构要加强党的领导和基层党组织建设。充分发挥公立医院党委把方向、管大局、作决策、促改革、保落实的领导作用，基层党支部的战斗堡垒作用和党员的先锋模范作用

续表

时间	政策名称	发文单位	相关主要内容
2018年8月	《加强公立医院党的建设工作的意见实施办法》	国家卫生健康委员会党组	1.坚持应建尽建，将支部设在科室上，确保党组织全面覆盖医院各内设机构及所属各单位 2.党支部书记一般应当由内设机构负责人中的党员担任，并享受与主要负责人同等的政治待遇 3.充分发挥党支部政治功能 4.把政治标准放在首位，注重发展医疗专家、学科带头人、优秀青年医务人员等高知群体入党 5.推进“两学一做”学习教育常态化、制度化，认真开展“不忘初心·牢记使命”主题教育，结合实际开展主题党日活动 6.医院党委要建立健全对院内各级党组织的党建综合考核制度 7.做好新形势下宣传思想工作 8.维护正常就医秩序，保障医务人员合法权益 9.建立常态化政治理论学习制度 10.加强医德医风建设 11.大力加强医院文化建设 12.抓好精神文明建设 13.落实意识形态工作责任制 14.健全统战工作制度 15.坚持党建带群建，党建带团建
2021年4月	《公立医院党的建设工作重点任务》	中共中央组织部 国家卫生健康委员会党组 教育部党组 国资委党委	1.认真落实党支部工作条例 2.建立党组织常态化考核、整顿和提升机制 3.强化基层党组织政治功能 4.党支部书记一般由内设机构负责人中的党员担任，并享有与主要负责人同等的政治待遇 5.实施临床医技科室党支部书记“双带头人”培育工程
2021年6月	《关于推动公立医院高质量发展的意见》	国务院办公厅	全面提升公立医院党组织和党员队伍建设质量。推进党支部标准化规范化建设。建立党支部参与人才引进、队伍建设、职称职级晋升、绩效考核、薪酬分配、评奖评优等重大事项讨论决策的制度机制，把好政治关、医德医风关。实施党支部书记“双带头人”培育工程。建立健全把业务骨干培养成党员、把党员培养成业务骨干的“双培养”机制

第二节　新时代公立医院党支部建设的目标任务

公立医院是我国医疗服务体系的主体。加强党对公立医院的领导和党的建设是健全现代医院管理制度的组织保障，也是深化公立医院综合改革、推动公立医院高质量发展的政治保障。党的十九大提出，要以提升组织力为重点，突出政治功能，把基层党组织建设成为坚强战斗堡垒。新时代加强公立医院党支部建设，必须贯彻落实新时代党的组织路线，把党支部建设放在更加突出的位置，以党支部标准化规范化建设为牵引，以提升组织力为重点，不断提高党支部建设质量。本节以《党支部工作条例》为依据，提出党支部标准化规范化建设的目标，阐述党支部组织力的提升路径。

一、加强党支部标准化规范化建设

加强党组织标准化规范化建设是推动基层党建工作的有力举措和重要途径。党章和《中国共产党组织工作条例》均明确提出加强党支部标准化规范化建设。工作中，应当从健全组织设置、严肃党内组织生活、锻造过硬队伍、服务保障机制、突出作用发挥等方面入手，聚焦基本制度、基本要求、基本工作，不断强化公立医院党支部的政治功能和服务功能，实现组织生活更加民主规范、工作运行更加科学顺畅、作用发挥更加充分有力，推动公立医院党支部全面进步、全面过硬。

（一）组织机构设置健全完善

按照有利于加强党的领导、加强党的建设的基本要求，有利于党员日常教育管理和作用发挥的工作需要，根据公立医院发展的新形势、新任务、新要求相应调整党的组织机构。探索创新党的基层组织设置形式，做到应建尽建、设置规范、调整及时、隶属明晰，实现党的组织和党的工作有形有效全覆盖。结合公立医院组织机构调整、多院区发展模式推进等工作实际，及时优化党的组织机构设置方式，理顺工作机制，坚持把党支部建在科室上，避免党的组织体系“悬空”“虚置”，脱离于实体结构。把党员、干部和各方面人才有效组织起来，更好适应业务发展、服务群众、基层治理的需要，确保各项任务实现。

（二）党内组织生活民主规范

坚持把增强“自我净化、自我完善、自我革新、自我提高”能力作为立足点，全面落实党支部议事决策和日常工作机制，坚持以“三会一课”为基本制度，严格规范落实主题党日、组织生活会、民主评议党员、领导干部双重组织生活、谈心谈话等党内制度。结合公立医院工作特征和工作实际，不断创新组织生活的内容和形式，既要增强党员理论素养，也要提高党员业务水平，做到理论和业务双学双促进。推动党的组织生活作为制度化的规定，真正严起来、实起来、规范起来，确保党支部工作运转有序、活动常态长效。

（三）支部班子能力过硬

党支部班子是党支部工作的直接领导者和实施者，必须着力建设过硬支部班子，突出抓好党支部书记队伍建设。规范党支部委员会的组成、产生方式、按期换届等，贯彻落实民主集中制。突出选优配强党支部班子特别是党支部书记，把想干事、能干事、干成事的优秀党员充实到支部班子中来。结合医院实际明确党支部书记选配标准，把好“入口关”。加大党支部书记和其他委员培训力度，突出学习贯彻习近平新时代中国特色社会主义思想和习近平总书记关于卫生健康工作的重要论述，加强医改政策学习，确保班子队伍功能结构优化，善于统一思想、凝聚人心、增进共识。

（四）党员教育管理监督坚强有力

及时学习传达上级党组织决策部署，扎实开展党员理想信念教育、党性教育、纪律教育、道德品行教育等。注重发现树立、宣传推广师生身边典型人物、典型事迹。党员发展、党员培训、党籍管理、党费收缴、党员激励关怀帮扶等工作扎实有效，充分发挥党员先锋模范作用，稳妥有序处置不合格党员。坚持把纪律和规矩摆在前面，善于发现苗头性、倾向性问题，使“咬耳朵、扯袖子”成为常态，及时监督党员履行义务、遵规守纪，有效运用教育引导、组织处置等措施。

（五）保障机制务实高效

医院党委要把党支部建设摆上重要议事日程，专题研究党支部建设工作，党委书记应当带头建立党支部工作联系点。党委组织部门应当加强经常性分类指导和督促检查。按照医院职工总数的一定比例配齐配强专兼职党务工作者，建立职务职级“双线”晋升办法和保障激励机制。建立健全稳定的党支部工作经费、党员教育培训经费投入保障机制，坚持以财政投入为主，将党建工作经费列入医院年度预算，并建立正常增长机制。规范党支部活动经费和党费返还经费的管理使用。加强阵地保障，整合资源建好用好基层组织活动场所，配备必要的设施设备，健全管理维护制度。

（六）党支部和党员作用发挥充分

根据公立医院不同类型党支部的特点，找准服务中心大局的切入点和着力点，建立发挥作用的制度机制和载体平台，确保在落实党的路线方针政策和各项工作任务中充分发挥党支部战斗堡垒作用和党员先锋模范作用。注重党建与业务工作的双向融合，党支部参与本科室业务发展、人才引进、薪酬分配、职称晋升、评优评先、设备配置、药品耗材采购等重大问题的决策，服务人才成长，促进事业发展，保证监督改革发展正确方向。通过设立党员先锋岗、党员责任病房、党员服务窗口等形式，大力开展党员亮身份践承诺活动，引导广大党员在医疗、教学、科研、管理服务等各个领域担当作为、创先争优。密切联系群众，团结、组织干部和群众，努力完成本单位各项任务。领导工会、共青团等群团组织，支持他们依照各自章程独立负责地开展工作。

二、提升公立医院党支部组织力

党的十九大报告指出:“党的基层组织建设，要以提升组织力为重点，突出政治功能。”[①]

（一）提升政治领导力，把党的全面领导落实到基层

政治属性是党支部的本质属性，政治功能是党支部的基本功能。习近平总书记强调，“党的政治建设是党的根本性建设，决定党的建设方向和效果”[②]。把党的政治建设摆在首位，就是要确保公立医院党支部用习近平新时代中国特色社会主义思想武装起来，使公立医院广大党员增强“四个意识”，坚定“四个自信”，做到“两个维护”，在政治立场、政治方向、政治原则、政治道路上同以习近平同志为核心的党中央保持高度一致。认真贯彻落实新时代党的组织路线，发挥战斗堡垒作用，以政治功能带动服务功能，提升整体功能。强化政治学习和政治教育，引导党员加强党性修养、坚定理想信念、提升精神境界。严明党的政治纪律和政治规矩，营造风清气正的政治生态。

提高政治领导力就是要把党对卫生健康事业的全面领导落实到公立医院工作第一线。党对公立医院工作的领导，最重要的是政治领导，确保公立医院改革发展正确方向，坚持公立医院公益性属性，始终以人民健康为中心、以医疗质量安全为底线，将解决人民群众最关心的

---

①习近平. 决胜全面建成小康社会 夺取新时代中国特色社会主义伟大胜利[N]. 人民日报，2017-10-28（1）.

②习近平. 在全国组织工作会议上的讲话（2018年7月3日）[M]. 北京：人民出版社，2018.

看病就医问题作为工作的出发点和落脚点，确保新时代党的卫生与健康工作方针得到全面贯彻落实。要立足公立医院党支部的功能定位和重点任务，选优配强党支部书记，确保党支部参与决定内设机构重大问题的决策并监督实施，支持保证行政负责人行使职权，促进公立医院医疗、教学、科研、管理等各项任务完成，把党的政治优势和组织优势转化为推动公立医院深化改革和高质量发展的强大动力。

（二）提升组织覆盖力，推动党的组织和党的工作全覆盖

组织建设是党的建设的突出优势。提升公立医院党组织的覆盖力，就是要推动党的组织有效嵌入公立医院内设机构和工作单元，坚持把支部建在科室上，做到应建尽建，切实把党的领导延伸到公立医院各项工作第一线。推动把党的工作有效覆盖到公立医院各类人员中，确保哪里有群众哪里就有党的工作，确保哪里有党员哪里就有党的组织，哪里有党的组织哪里就有党组织作用的充分发挥。紧密结合卫生健康行业特点，按照有利于加强党的领导、有利于开展党的组织生活、有利于党员教育管理监督、有利于密切联系群众的原则[①]，优化和创新公立医院党支部设置形式。探索建立适应新时代医学生培养、学科交叉融合创新、医疗新技术开展、优质医疗资源扩容等新形势、新要求的公立医院支部设置和党员管理模式。

推动党的工作有效覆盖，关键是强化党务骨干队伍建设，增强党支部的生机和活力。党支部书记是党支部的“领头雁”，要在公立医院大力开展党支部书记“双带头人”培育工程，锤炼一支政治可靠、形象可敬、业务可信的高素质党支部书记队伍。着重建强配优支委班子，把政治素质过硬、思想要求进步、工作积极进取的同志充实到支委班

①全国干部培训教材编审指导委员会. 全面加强党的领导和党的建设[M]. 北京：人民出版社、党建读物出版社，2019.

子中来，加强支委理论和实务培训，提高支部委员工作能力。要注重从医疗专家、学科带头人、高层次人才等高知识群体和优秀青年医务人员中发展党员，建立健全把业务骨干发展成党员、把党员培养成业务骨干的“双培养”机制。健全党务工作机构，配齐专职党务干部，努力建设一支专业化、专家型的党务骨干队伍，通过集中培训、实践锻炼、岗位历练等方式，不断提高党务干部的政治素质和党务工作能力，确保党务干部与同层级行政管理干部职务同级、待遇同档，让党务工作人员有地位、有奔头。

（三）提升群众凝聚力，真正成为群众的“主心骨”

党章在总纲中规定，“党在自己的工作中实行群众路线，一切为了群众，一切依靠群众，从群众中来，到群众中去，把党的正确主张变为群众的自觉行动。”提升公立医院党支部的群众凝聚力，就是要坚持党的根本宗旨，力求做到情感上亲近群众，思想上尊重群众，工作上发动群众，生活上关心群众，为群众谋幸福。常态化了解职工困难诉求、倾听师生意见建议，健全职工有困难找支部、有问题找党员的帮扶机制。用心用情关爱医务人员，保障医务人员执业安全和合法权益，提高员工幸福感，以真抓实干赢得医务人员的信赖和拥护。突出人文关怀，医疗工作从“以疾病为中心”向“以患者为中心”转变，管理从“以工作为中心”向“以员工为中心”，教学从“以教师为中心”向“以学生为中心”转变，努力实现“患者满意、员工幸福、学生成长”，真正把广大群众的根本利益需求作为开展思想政治工作的出发点和落脚点。把思想引领和价值观塑造有机融入医疗、教学、科研、管理等各项工作，组织引领职工听党话、跟党走。以高质量党建引领新时代医院文化建设，广泛开展社会主义核心价值观宣传教育，大力弘扬新时代医疗卫生职业精神和伟大抗疫精神，凝聚强大奋进力量。

（四）提升社会号召力，彰显党组织的强大优势

增强党支部的社会号召力，就是要履行党支部组织、宣传、凝聚、服务群众的职责，发挥党的组织优势，最大限度地把广大人民群众动员起来，更广泛、更有效地把人民群众凝聚起来。公立医院要以坚强有力的党支部建设带动工会组织、共青团组织、学生团体等各类基层组织建设，使其成为党支部发动群众的有力助手。要充分发挥党支部统揽全局协调各方的作用，做好统一战线工作，积极拓展党外人士参与医院和科室治理的渠道，有效发挥高级知识分子的人才优势，充分激发他们的积极性和创造性，凝心聚力，共同推动医院各项事业高质量发展。教育引导公立医院广大党员干部，强化宗旨意识，把“全心全意为人民服务”和“以人民健康为中心”紧密结合起来，自觉践行群众路线，真正和群众想在一起、干在一起，和人民群众心连心。改进宣传教育方式，创新宣传工作的形式和载体，以大众化的语言、生动活泼的形式，不断增强宣传教育的吸引力、感染力、说服力，弘扬时代新风尚，传播健康新理念。加强医德医风建设，不断改善患者就医体验，真情服务患者，提高人民群众健康获得感。

（五）提升发展推动力，围绕中心、服务大局

公立医院党支部的发展推动力，要以改革发展的实际成效来检验和评判。按照“围绕中心抓党建，抓党建就是抓发展”的工作思路，坚持将党建与业务工作同筹划、同部署、同实施、同考核，以高质量党建引领高质量发展，使党建与业务工作在融合发展中相互促进。紧紧围绕国家医学中心建设、公立医院高质量发展等医院中心工作，紧扣事业发展大局，充分发挥党员先锋模范作用，从“目标制定、组织实施、监督检查、整改提升”全流程设计党建与业务管理，结合学科建设、医疗服务、人才培养、医学教育、科学研究等重要工作开展党员先锋队、党员示范岗等亮诺践诺活动。坚持务实管用，着力提高理论和业务水

平，不断更新知识技能，强化党性锻炼，提高服务群众的能力和水平。充分发挥党支部战斗堡垒作用，日常工作显得出，危难关头豁得出。

充分发挥党建考核的“指挥棒”作用，科学建立党建考核指标体系，实行日常监督与年度考核相结合、线上考核与线下考核相结合、组织考核与群众评议相结合，强化党支部“自身建设”，着力提升基层党建工作水平。突出“发挥作用”情况的考核，重点落实党中央决策部署和上级党组织决定、联系服务群众的情况，重点看党支部发挥政治功能，推动事业发展的情况。将党建工作考核结果作为党支部和所在科室干部业绩评定的重要组成部分，作为干部选拔任用和奖励惩戒的重要依据。

（六）提升自我革新力，着力解决党支部建设中存在的突出问题

勇于自我革命、从严管党治党是中国共产党的鲜明品格。作为公立医院基层党组织，要以正视问题的自觉、以刀刃向内的勇气、以改革创新的精神，着力解决自身建设和作用发挥中存在的突出问题，推动基层党组织和党员干部自我净化、自我完善、自我革新、自我提高。严肃党内政治生活，将全面从严治党落实到每名党员，增强党内政治生活的政治性、时代性、原则性和战斗性，让组织生活严起来、实起来。严格执行“三会一课”制度，严格规范落实主题党日、组织生活会、民主评议党员、领导干部双重组织生活、谈心谈话等党内制度，切实提高组织生活质量，坚决防止党内组织生活表面化、形式化、娱乐化、庸俗化倾向。强化党员身份意识，经常开展过政治生日、重温入党誓词、义诊、志愿服务等实践活动，把开展党的组织生活过程转化为统一思想、提高认识的过程，深化党支部党员对思想政治教育内容的理解，做到学思用贯通、知信行统一，将广大师生员工的力量汇聚到医院的中心工作上来。

建立落实全面从严治党党支部主体责任、支部书记第一责任、所

在单位负责人“一岗双责”、纪检委员监督责任的“四责协同”责任落实工作机制。强化民主集中制，规范党员领导干部用权行为，深入推进党务、科务公开，让党员群众更好地参与到科室的重要决策中。对发生在群众身边的不正之风和违纪违法问题，要以铁的纪律坚决查处，充分释放执纪必严、违纪必究的强烈信号。畅通群众监督渠道，完善群众监督制度，使群众监督在全面从严治党中发挥更大作用。

第四章

华西“支部宝”工作模式

四川大学华西医院（以下简称华西医院）现有党总支8个、党支部107个、党员6 347名。院党委高度重视党支部建设，按照“抓党建就是抓发展，抓好党建是最大政绩”的思路，夯实基层基础。以建设教育部“全国党建工作标杆院系”为引领，全面提升党建工作的科学化、规范化水平。华西医院率先针对党支部工作重难点提出“支部宝”工作模式；率先在全国医疗卫生行业内形成了以循证方法探索实践党支部考核的模式；率先联合国家卫生健康委员会干部培训中心（党校）设立全国公立医院党建研究项目；凝练出“红色书架”“学而时习”“追光计划”等特色党建品牌，党建工作被医院主管部门高度肯定，被新华社、人民网、《光明日报》等主流媒体广泛报道，被国内同行广泛借鉴。本章重点介绍华西“支部宝”模式的具体内容，解析华西医院在党支部工作体系和运行机制上的特色做法。

第一节　基层建设，有为有位

曾经我们也面临困惑行业党建的共性问题：党建考核不够科学，以量为主、作用发挥不突出；工作内容难以标化，党建目标落地有差异，队伍能力参差不齐；工作方法缺乏规范，党建内循环，与业务融合不够等。针对上述问题，华西医院以科学、标准和规范为关键词，明晰责权、传递压力；抓关键队伍，真学、真懂、真做；着力有要求、有标准、有考核、有应用的制度体系建设；聚焦党支部建设的核心要素，实践并凝练成华西“支部宝”模式（图4–1）。

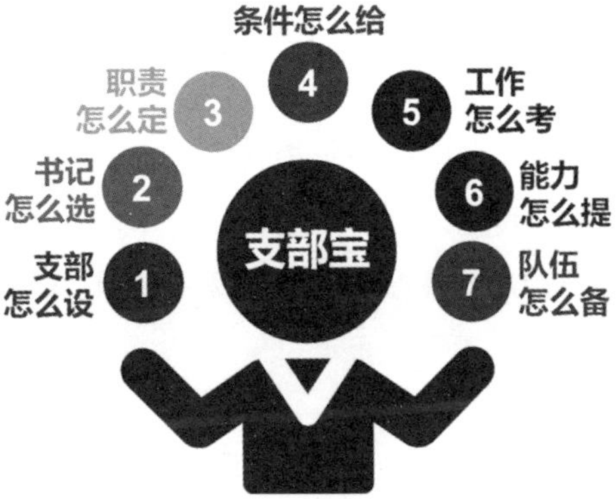

图4–1　华西“支部宝”工作模式

一、支部怎么设

20世纪90年代起，医院党委根据党支部设置与行政组织架构相匹配原则，将临床医技科室党支部全部建在三级学科上。学生以年级或班设党支部，研究生党员二年级进入临床医技科室党支部。重大突发应急任务设立临时党支部，做到有业务区就有党员，有党员就有党组织。在组织架构上实现党的工作与业务发展紧密融合，使党的工作融入医院业务与管理链上的每个环节。

二、书记怎么选

一个党支部有无战斗力、凝聚力，很大程度上取决于党支部书记的素质和能力。医院明确政治可靠、业务可信、形象可敬的选用标准。职能部门党支部书记由党员负责人担任，临床医技科室党支部书记作为院内中层干部兼任科室行政职务。

党支部书记是“一班之长”，大多为党务、业务双肩挑。如何当好“班长”，而不是当成“家长”；如何处理好党务和业务的关系；如何做到危难关头冲得出，日常业务看得出，是每一位党支部书记必须面对的问题。例如，重症医学科党支部书记面对科室急难险重任务多的情况，明确提出“与其喊破嗓子，不如做出样子”。从“5·12”汶川地震、玉树地震、彝良地震、芦山地震抗震救灾，到矿难、暴恐事件等救援，党支部书记带头冲锋在一线，让群众跟着上而不是给我上。特需和全科医学科党支部书记严格管控自身医疗指标，在收治疾病疑难危重程度相当或高于其他医疗组的情况下，平均住院日、平均每病人总费用、出院病人药占比和材占比保持在科室较低水平。

三、职责怎么定

按照《中国共产党支部工作条例（试行）》的规定，明确党支部工作职责，认真落实党支部的八项基本任务。医院厘清党建目标、党风廉政、意识形态等党支部的主体责任，要求在学科发展、人才留用、奖金分配、行业作风建设、设备耗材管理等多个方面党政同责。例如，科室在选人留人上必须经科室主任、党支部书记双签字，相关职能部门才予以认可。

党支部书记要清楚什么是“我”牵头做的，什么是“我”参与做的，要胸怀全局干到位、明确职责不越位、团结协作补好位。个人在想问题、办事情、干工作的时候，从科室的全局出发、从医院的全局出发，在全局中审视自己、考量自己、定位自己，在全局中发挥自己的作用、实现自己的价值。党支部书记要对自己所处的岗位有全面、清醒的认识，时刻牢记自己肩负的责任和义务，这亦是履职尽责、干好工作的重要前提。党支部书记要正确处理好三种关系，即处理好和上级的关系，服从而不盲从；处理好和同级的关系，补台而不拆台；处理好和下级的关系，不搞“一言堂”。

四、条件怎么给

医院从政治待遇和经济待遇上双重保障党支部书记的权利，实现责权利对等。从20世纪90年代开始，华西医院明确了临床医技科室党支部书记与科室主任职务同级，均为科室正职。在中共中央办公厅印发《关于加强公立医院党的建设工作的意见》和国家卫生健康委党组印发《关于加强公立医院党的建设工作的意见实施办法》之前，华西医院就实行党支部书记兼任副主任，副主任转任党支部书记属晋升提拔需有试用期和相应的考核。经济待遇上，党支部书记与科室主任管理酬金同档，高于副主任30%。

五、工作怎么考

医院党委每年召开党支部书记抓党建工作述职评议大会，对党支部党建工作单独考核，循证制定考核指标，与业务相区分，实现同筹划、同部署、同实施、同考核。党建考核结果既用于团队考核，又用于干部个人考核。医院每年年终会对临床医技科室进行综合业务考核和党建考核，两个考核结果相互作用、共同影响科室年终评定，明确党建非优秀不得评为综合先进集体，党建与业务双优年终绩效按最高档发放，党建不合格年终绩效按最低档发放。比如，2016—2021年每年均有科室的综合业务考核排在全院前五位，但对应的党支部党建考核不是优秀，医院对其科室年终奖下调一档的情况发生，导致科室全员受影响。再如，干部考核由团队业绩而非个人业绩体现，主要由综合业绩、党建业绩、述职评议和民主测评四个维度的分数构成。无论是不是党员干部，党建考核结果影响每位干部的个人考核结果，科室主任和党支部书记在综合业绩和党建业绩上的权重一致，体现党政同责；科室副主任的考核结果中党建考核占一定权重，促进科室人人重视党建，大力推进党建工作与业务工作的深度融合。

六、能力怎么提

培训对象上分层分类，培训方式上在线与在位相结合，培训内容上党建与业务相结合。例如，针对党支部书记“双带头人”培育工程，规划设计四个层面的学习：一是要自我批评的学习。运用好批评和自我批评的利器，使之真正成为修正错误、增强团结、提升能力的有力武器。二是信息反馈的学习。要求党支部书记有虚心听取意见的态度，有“闻过则喜”的修养，善于发现和听取患者、员工、学生的反馈，从群众的反馈中不断完善自己，提升履职能力。三是交流共享的学习。注重党支部工作的交流与共享，每季度组织党总支、党支部书记院内培训，学标杆、找差距、补短板，如血液内科党支部交流《夯实支部工作，提升学科竞争力，亮出团队精气神》，甲状腺外科党支部交流《最好的时代，做最好的我们》。每次交流优差各半，倒逼相对较差的党支部奋力追赶。注重与国内同行交流互鉴，如在医学国际国内学术会议中开设党建分论坛，与联盟医院联合开展组织生活促进学科交流，使党支部书记在交流中相互学习，取长补短。四是专题党性教育的学习。医院联合中国井冈山干部学院、中国延安干部学院开展党性教育专题培训班，实现党支部书记全部轮训。党支部书记们倍加珍惜来之不易的高层次学习机会，下功夫提升自己的党性修养，使自己有位度、有压力、有能力抓好党建工作。再如，针对党员干部团队治理能力提升，推进以围绕改革发展形势与任务的主题培训计划、业务干部管理能力提升计划、新任干部阶梯成长培训计划、管理专项境外交流学习计划等“五位一体”的干部培训体系，有效提升了团队能力和素养。医院从1996年起坚持开展暑期干部培训，26年来已经逐步形成了“顶层设计、注重实效、树立标杆、实践转化、交流共享、后效评价、持续改进及制度保障”的集中培训模式。

七、队伍怎么备

医院不仅关注现有党务队伍建设，也关注未来党务骨干的储备与培养，主要从以下两个方面着手：一方面建齐建强党支部委员队伍。规范全院党支部委员的设置，从政治待遇和经济待遇双向发力认定其价值。2017年以来，党内表彰名额有计划性地向党支部委员倾斜，优秀党务工作者表彰名额增长3倍；2019年首次把党支部委员纳入全院中层干部述职评议的评委范围，让其参与考核评价干部工作；2020年，制定《科室管理小组会议制度》，明确党支部委员参与科室重大事项和业务发展讨论。每年组织全院党支部委员集体培训，党委书记和党委副书记专题授课；分序列开展有针对性的培训，如特邀四川省委党校、知名大学专家为党支部委员授课，既有学术研讨、实地走访，又有党支部分享、团队拓展等深度交流。在多次调研、反复论证的基础上，华西医院率先探索制定《党总支、党支部委员、党小组组长考核方案》，党总支、党支部委员和党小组组长经党支部、党总支和相关职能部门考核合格后，给予专项工作补贴，党支部考核结果作为奖励惩戒、培养教育和干部选拔任用的重要依据。另一方面，大力推进三层级管理后备人才队伍储备培养。2016年起，医院面向未来十年发展开始储备院、部、科三级管理后备人才队伍，先后选拔建立300余人后备人才库。每个层级岗位设置时均考虑党务后备人才，如“新媒体与信息化应用拓展”兼职院长助理、“党建信息化系统建设”兼职项目主管等，每个科室的管理后备人才中必须明确1名是党务后备人才。系统设计统管、轮转、晋升与淘汰等工作机制，积极推进阶梯课堂管理学习、境外定制轮训等集中培训，开展全方位岗位历练，保证每名后备人才均有培训历练的机会；每年提供500万经费支持，根据后备人才岗位类别发放专项绩效，实现每个岗位均有考核投入。所有党支部委员均纳入党务后备人才培养。

综上，华西“支部宝”工作模式聚焦行业重难点，有力地回答了支部建设的关键问题，极具科学性、创新性、示范性和推广性，也取得了显著的工作成效：第一，支撑战略发展。坚持围绕中心、服务大局，把党政年度重点工作任务、攻坚克难和工作体验纳入考核重点，有力支撑党建与业务工作融合，深入推进全面从严治党和精细化管理等主线工作。第二，提升工作质效。支部工作更加规范，党务骨干结构优化、能力提升。医院事业发展中，党员骨干成为事业发展的中坚力量：国家杰出青年科学基金获得者中，党员占54.5%；国家卫生健康委突出贡献专家中，党员占70.6%；省部级学术带头人中，党员占62.5%。12个党支部获校先进基层党组织荣誉称号，103名党员获校级以上行政主管部门表彰。医务人员中获国家级表彰6人次，省部级表彰42人次，市校级表彰12人次。第三，推广行业标准。利用主管部门工作汇报会、行业交流会、学术会等平台，积极推广华西“支部宝”模式，被国家卫生健康委相关司局高度肯定并向行业内基层医院推荐；申报并获评教育部“全国党建工作标杆院系”。第四，扩大社会影响。党支部工作被选评为全国第一届、第二届“两学一做”风采展示优秀案例，首届新时代四川高校十大基层党组织实践案例等，受到新华社、人民网、光明日报、中国文明网、健康界、卫生健康党建文化平台和全国高校思想政治工作网等主流媒体的关注和报道。第五，深入服务民生。围绕患者、员工和学生三个主体，党建与事业发展同频共振。如党的群众路线教育实践活动聚焦作风改进；“两学一做”学习教育中聚焦改善医疗服务行动计划，解决患者所急所需；“不忘初心、牢记使命”主题教育中聚焦员工关心的职称评聘、职员申报和管理公平等问题开展调研和专项工作；党史学习教育中扎实开展“我为群众办实事”。

第二节　责任明确，有规有究

坚持党要管党、全面从严治党，突出政治责任，推进党建和中心工作同步，层层传导压力。

一、标准化建设的党支部

一是党支部建设“标准化”，加固“底板”。抓好制度顶层设计是党支部标准化建设有据可依、有理可循的重要基础。系统梳理新时代党支部应具备的条件、工作任务和要求、基本知识、工作方法和经验及努力方向，对临床、科研、机关后勤等各类党支部统一标准、分类要求，在前期研读27个文件、305条相关内容的基础上因地制宜制定医院《关于加强党支部标准化建设的实施办法》。在全国公立医院中率先编印《四川大学华西医院党支部规范化建设手册》（图4–2），内容包括党支部工作的基本内容、党支部书记工作、党支部委员和党小组工作、党支部工作问答、党支部常用文书和党支部工作常用党内法规等。如根据平时工作积累，整理党支部日常咨询的高频问题逐一解答，每年发展党员人数是否有限定，组织关系如何转接，党员提案怎么写等。

图4–2　《四川大学华西医院党支部规范化建设手册》

二是党支部建设“可视化”，做强“长板”。以实施“可视化内容”建设作为推进党支部标准化建设的重要内容，突出政治功能，在落实规定动作上坚持全面覆盖、标准统一、整体推进。其一，年初有计划。通过签订党建目标责任书，明示党建工作承诺。2017年起步探索时，全院8个党总支、103个党支部党建工作计划二次返工的达90多个党支部，三次返工的仍有10多个党支部。多数党支部没有写过党建工作计划，不清楚如何规划、如何下笔、如何着力，党委书记逐一辅导。其二，定期有督导。每年由党委组织部牵头组织全覆盖党建工作推进督导2次，个别指导党支部工作20余次。其三，年中有交流。根据上年度党建考核结果，精心组织优差支部相互交流借鉴学习。每次交流会不是只安排优秀党支部示范，而是给予考核相对落后的党支部交流机会，以帮助他们厘清思路、找准差距、明确方向，从而在适度压力下激发团队最佳绩效。其四，年末有考核。全面开展党建年终考核和党支部书记抓党建述职评议，明确考核结果与评先评优、年终绩效、职务晋升等挂钩。党委书记逐一约谈考核排在后20%的党支部书记和科主任，要求党支部要与科室党政同心、双向融合、共谋发展。

三是党支部建设“智能化”，补齐“短板”。坚持问题导向，充分发挥信息化在党支部建设中的重要作用，从最基本、最基础、最基层的工作入手，秉承“用数据说话、用数据管理、用数据决策”的大数据思维，采取多维、多时、多元立体采集数据，着力自主研发党建信息系统，以期实现党建工作可量化、党建痕迹可追溯、党建绩效可考核。

二、循证管理的党支部考核

医院党委于2016年开始探索党支部考核，根据临床和机关不同工作实际实行两套考核指标，分类要求。2017年，在前期试行的基础上，凝练共性形成临床、机关一套考核指标，但新增了考核要求和相应的考核内容。2018年，由于前期工作成效初显，为了能更好地推动工作，考核指标被进一步细化，体现工作导向，关注过程，考核内容进一步增加。2019年，考核模块结构做出一些调整，但职能部门利益藩篱难以打破，考核内容成倍增加。经过5年实践，2020年在全面总结前期经验与问题的基础上，运用循证思维改进形成了具有华西特色的党支部考核体系。

第一，有成效。自党支部考核工作开展以来，在强化党员身份意识、严格党内政治生活、促进医院事业发展等方面发挥了积极作用，成效初显。一是基础管理更加夯实。2016年党建考核指标主要以规定动作为主，如“党员发展”“三会一课”“职工思想政治教育”等，69个教工党支部中涉及扣分的有38个；2019年在指标要求逐年提高的基础上涉及扣分的反而降至18个。二是内涵质量逐渐提升。如党员发展在高层次人才中效果明显，包括青年长江学者、国家优秀青年科学基金项目获得者等51人。党课质量显著改进，从以党支部自由安排为主到建成了汇集院内外优质师资的课程资源库。标杆党支部先进示范作用凸显，如急诊科党支部、门诊部党支部、上锦机关后勤党支部连续4年考核结果均为优秀。三是组织管理明显加强。现有党支部委员449名，其中中层干部61名、管理后备人才48名，健全完善党小组264个。制定了《关于评选表彰先进基层党组织、优秀共产党员和优秀党务工作者的办法》《管理后备人才队伍建设实施办法》等系列文件，有效支撑党支部工作。

第二，有反思。梳理2016—2019年党支部考核工作，主要有以下几个方面的问题：一是考核指标过多、依据不足。考核指标的制定应有相应依据，而不是随“心”所欲，增加基层负担。以三级考核指标为例，实际工作中增长51.06%，出现考核指标每年只增不减的情况，且并非必须考、应该考、能够考的指标。有的指标覆盖面不够，仅针对个人或特殊群体，但结果影响党支部整体；有的指标是部门工作需要，而非党支部职责。二是各自主导、条块分割。以一级指标为例，基本以职能部门工作划分，而未能完全从党支部角度出发考虑。如职工思想政治教育出现在不同的考核指标中，党办负责保密专项教育的考核、宣传部负责双周一次的职工政治学习制度考核、统战部负责统战相关工作学习宣传的考核、纪委办和监察处负责党风廉政教育的考核等，党支部完成工作头绪多、工作记录本本多。三是过程导向、内容繁复。考核中有些要求关注过程，有些要求过细过碎，有些要求不适合作为年度目标。如建立70岁以上职工名册并明确一对一联系人，名册建好只需实时更新即可，考核的意义更多在于关心关怀老同志是否到位，而非流于文本形式。四是结果趋同，指标敏感。回溯分析2017—2019年指标修订情况和考核结果，提示基础管理部分三年无扣分的党支部有29个，单个指标连续影响扣分的涉及40个党支部。在基础管理部分结果越来越趋同的情况下，荣誉表彰这个指标表现异常敏感，该项得分基本决定了党支部的排名和考核档次。综观考核中存在的问题，总体表现为高度重视规定动作，但党支部作用发挥关注不够；党建工作内部循环，对党建与业务双向融合关注不够等（表4-1）。

表 4-1　2016—2020 年党支部考核指标演变过程

时间	考核指标			考核模块			
	一级指标	二级指标	三级指标	基础管理	荣誉表彰	特色创新	检查发现问题及整改
2016年6月	12	25	47	90%	10%	—	—
2017年5月	13	31	63	80%	8%	12%	—
2018年7月	13	32	67	80%	7%	13%	—
2019年7月	11	38	71	80%	5%	15%	扣分
2020年6月	8	17	34	60%	—	作用发挥 40%	—

第三，有改进。坚持党要管党、全面从严治党，贯彻落实习近平总书记提出的坚持党建工作和中心工作一起谋划、一起部署、一起考核，坚决防止“一手硬、一手软”的要求，牢固树立抓党建就是抓发展、把抓好党建作为最大的政绩的思路，根据《中国共产党章程》《中国共产党支部工作条例（试行）》《中国共产党党员教育管理工作条例》《加强公立医院党的建设工作的意见》《党委（党组）书记抓基层党建工作述职评议考核办法（试行）》《加强公立医院党的建设工作的意见实施办法》等相关文件精神，以促进党建工作与业务工作深度

融合、同向同力为目标，突出党支部作用发挥，循证改进党支部考核体系。指标构成上，重点作用在述职评议和指标考核两个模块。考核既关注基础管理，也关注作用发挥，并将作用发挥作为党支部考核的重要内容。具体来说，一级指标从分散向体系转变。改变前期以党群部门职能分工构建一级指标的做法，根据《中国共产党支部工作条例（试行）》第三章第九条所规定的党支部八个方面的基本任务制定一级指标，让考核有据可依、有章可循。二级指标从条块向整合转变。学会换位思考，从方便职能工作转向助力支部工作，打破部门之间的职能壁垒，如整合保密、统战、党风廉政等职工思想政治教育相关的所有内容到同一个条目。合并支部书记或支部委员参加科室工会活动、党支部每季度听取工会小组工作汇报、党支部每年听取团支部工作汇报、党支部书记讲团课、党支部书记或支部委员参加团组织活动等5个指标为1个指标即党支部关心支持群团组织开展工作。学会有规有矩，区分政策要求与工作需要，哪些是党支部职责应当、哪些是职能部门工作应当，不能把职能部门的工作推动，落脚在支部的考核压力上。如团组织机构是否健全应是对职能部门的要求，而不是单向要求党支部。学会广泛覆盖，厘清指标个别有效和通识有用之间的逻辑，既体现团队业绩人人有责的思路，也区别个人行为由团队承担的过强效果。如党支部书记参加全院党建工作会议情况应由干部个人考核情况体现，而非扣减团队得分。学会质效差异，有的工作是常态性的，一旦落实结果基本不会有波动，不适合作为年度考核指标；有的工作是动态性的，如严格党的组织生活，有了目标和要求，党支部通过年度工作努力能取得与付出呈正相关性的考核结果。三级指标从过程向结果转变。如前期要求手工记录需包含时间、地点、签到、主要内容等关键要素，若为学习讨论还应有讨论发言记录，修订中更加关注工作实效。基础管理类指标只减不增，突出党支部作用发挥，新增员工、患者、学生三个体验和党建影响力指标，对内检验凝心聚力，对外检验支部声誉。考核方式上，强调功夫在平时和常态化了解，由年终集中检查向日常监督抽查转变。参与主体上，突破党务工作者考核党建工作的内循环瓶颈，融入员工、患者、学生和社会的多元考核主体，以更加宽广的视野、更高的目标要求、更有力的举措谋划推动党建工作新格局。

第四，有思考。党建工作永无止境，党支部考核体系仍有进一步努力和改进的空间：一是如何顺势用上级考核指导院内考核，突破工作瓶颈。比方说，国家卫生健康委2021年公立医院党建考核指标中个别指标为院内党支部工作的薄弱点，可按照上级指挥棒有力推动院内工作。二是如何平衡政策依据和实际工作中的矛盾。2020年指标修订过程中，要求所有纳入的指标必须有政策依据。实际工作中确实存在凡是纳入考核的指标，党支部要重视得多，落地快得多，效果好得多；凡是没有纳入考核的指标，工作难度大得多。三是如何平衡横向职能部门的管理需求和纵向党支部的职责需求之间的矛盾。2016—2019年的党支部考核中一些职能部门已形成工作惯性，把一些需要重点推动但无上级政策考核依据的工作纳入党支部考核，取得了一定的成效。有些工作党支部考核体系未纳入，在专项工作文件中为了突出该项工作的重要性，未经工作统筹单独写明要纳入年终统一考核，结果导致要么专项文件流于形式，要么党支部考核严肃性被削弱、随意性大。四是如何平衡党支部基线条件不同而考核标准相同之间的矛盾。党支部规模有大有小，学科条件有好有坏，如奖励性指标、科研类指标、活动类指标容易出现人多力量大的优势，优化中已考虑纳入人力资源权重系数来增强公平性。把党支部所辖人力按照职称、职务、在岗时限等要素折算人力系数总和作为分母，成果类指标作为分子，减弱各党支部基线条件之间的差异。五是如何平衡原始记录和智慧管理之间的矛盾。党建信息化实质性建设有几个重要的难点需解决：其一，解决纸质记录电子化增加党支部工作负担的问题，有些单位只是把支部工作手册重新录入电脑。其二，解决各类检查需原始记录的要求和无纸化管理之间的问题。其三，解决信息孤岛，实现与人事系统、办公自动化系统、上级管理系统互联互通的问题等。目前上级主管部门已批准华西医院党建信息化试点工作，拟将组织生活记录全部电子化，实现“三会一课”、主题党日活动、教职工思想政治学习等在线记录、在线考勤、在线补学和在线统计分析等功能，探索取消有关纸质工作记录；采取党务工作线上线下相结合的方式，在确保党员档案等有关材料齐备的同时，实现院内工作申请和审批环节全部线上进行，并探索与院内外多个系统数据对接；优化党建考核方式方法，通过党建信息平台完成的工作，不再要求党支部重复提供资料记录，相关记录通过在线导出打印，以备监督检查；加强账号权限管理和信息安全管理，所有数据全部存储在院内服务器上，确保责任明确、管理有序、信息安全。其四，一体化设计党支部考核体系。在党支部考核工作中，医院已有较为成熟的基础和经验，2020年开始探索出党支部委员考核，将党支部考核结果与党支部委员考核结果挂钩。院内拟在上锦机关后勤党支部试点党员积分制考核和门诊、财务党支部党员先锋模范作用评价项目研究的基础上，逐步推进党员评价考核，实现党支部、党支部书记、党支部委员和党员“四位一体”环环相扣的考核体系。

【案例】

循证改进党支部党建考核指标体系

2020年，医院党委组织部牵头，以循证科学的思路改进党支部考核评价具体工作，全程邀请3位循证决策与管理专家把关方法学、全院3轮506人次参与考核指标权重赋值、结合工作实际征求意见5次、提交医院专题会议讨论4次。通过反复调研、反复论证和反复研究，极大地增强了考核工作的体系性、科学性和规范性，降低了党支部的工作负荷，促进了党支部作用的发挥。指标修订调研共分三次：第一次范围为全院中层干部和党支部委员；第二次为党委委员、院党政班子成员、党总支书记、党支部书记代表、相关职能部门；第三次包括党委班子成员、党群职能部门等。现将三次考核指标权重赋值的过程回顾如下：

一、第一次调研情况分析

在前期征求意见和深入研究的基础上，面向全院征求意见，包括对党建考核指标体系的科学性评价及权重赋值、后效评价三部分，考核指标体系包括一级指标10项和二级指标 24项。

（一）考核指标体系的科学性分析

2020年4月13—26日发放问卷556份，实际回收473份，包括党支部书记73份、党支部委员230份、科室主任29份、其他中层干部136份、其他5份。问卷有效回收率为85.07%，提示调研对象积极性高，结果可信度高。专家权威系数为0.82，提示函询专家对咨询指标具有较高的权威性，咨询结果可靠。

研究科学性评价中包括指标重要性、合理性、可测量性、可考核性四个部分，用均数、标准差、变异系数、满分率来表示调研意见的集中程度，均数、满分率越大，标准差越小，说明指标越重要、越合理；变异系数越小，说明专家对指标的意见越集中。

1.一级指标

对指标条目的重要性、合理性、可测量性、可考核性四个方面进行评价（表4-2），均值皆在4.36~4.66，结果表明对指标科学性的认可度较高。

表 4-2　一级指标调研结果

题目\选项	重要性	合理性	可测量性	可考核性	行均值
严格党的组织生活	4.74	4.65	4.65	4.60	4.66
党员管理	4.74	4.67	4.44	4.41	4.56
突出政治功能，履行重点任务情况	4.80	4.67	4.31	4.32	4.52
安全稳定工作	4.73	4.67	4.36	4.34	4.52

续表

题目\选项	重要性	合理性	可测量性	可考核性	行均值
贯彻落实党的理论和路线方针政策，执行党中央、上级党组织及本党支部的决议	4.87	4.72	4.19	4.22	4.50
工作满意度	4.69	4.53	4.39	4.38	4.50
党内监督	4.75	4.66	4.25	4.21	4.47
密切联系群众，领导群团组织	4.68	4.6	4.26	4.21	4.44
思想政治工作与意识形态工作	4.77	4.66	4.09	4.1	4.40
党建工作影响力	4.68	4.55	4.12	4.09	4.36
列均值	4.69	4.11	3.79	3.83	4.54

关于一级指标所含条目的重要性，采用条目认可率和满分率确定。第一次调研一级指标重要性的满分率在75.9%~90.7%，说明所有指标都很重要。赋值均数在4.68~4.87（＞3.5），变异系数在0.10~0.14（＜0.25），提示专家对一级指标的重要性判断比较一致。重要性均值及满分率最高指标是“贯彻落实党的理论和路线方针政策，执行党中央、上级党组织及本党支部的决议”；最低指标是“党建工作影响力”，可能与新增指标的接受度和工作难度等因素有关。

关于一级指标所含条目的合理性，采用条目认可率和满分率确定。第一次调研一级指标合理性的满分率在64.69%~79.92%，提示指标设置的合理性认可度高。赋值均数在4.53~4.72（＞3.5），变异系数在0.14~0.16（＜0.25），提示专家对一级指标的合理性判断比较一致。合理性均值及满分率最高指标是“贯彻落实党的理论和路线方针政策，执行党中央、上级党组织及本党支部的决议”，最低指标是“工作满意度”，可能与评价来自员工的主观体验、客观条件不同等因素相关。

关于一级指标所含条目的可测量性，采用条目认可率和满分率确定。第一次调研一级指标可测量性的满分率在42.71%~73.15%，提示所有指标具有可测量性。一级指标的赋值均数在4.09~4.65（＞3.5），变异系数在0.14~0.24（＜0.25），离散程度相对重要性和合理性略高，但结果均小于0.25，说明专家对一级指标的可测量性判断比较一致。可测量性均值及满分率最高的指标是“严格党的组织生活”，最低是“思想政治工作与意识形态工作”。

关于一级指标所含条目的可考核性，采用条目认可率和满分率确定。第一次调研一级指标可考核性的满分率在40.38%~69.98%，提示所有指标均具有可考核性。一级指标的赋值均数在4.09~4.60（＞3.5），变异系数在0.15~0.23（＜0.25），说明专家对一级指标的可考核性判断比较一致。一级指标中可考核性均值及满分率最高指标是“严格党的组织生活”，最低是“党建工作影响力”。

综合所有评价一级指标四个评价维度中均值及满分率偏低的指标包括党建工作影响力、工作满意度及思想政治工作与意识形态工作。其中，党建工作影响力四个评价维度均值为4.36，工作满意度四个评价维度均值为4.50，思想政治工作与意识形态工作四个评价维度均值为4.40。可通过后期指标内容修订、权重设置等方式进行调整。

2.二级指标

调研二级指标共24项，评价指标条目的重要性、合理性、可测量性、可考核性四个方面（表4-3），均值皆在4.30~4.70，提示对指标科学性的认可度较高。调研结果显示，考核指标四个评价维度的权重赋值，重要性＞合理性＞可测量性＞可考核性。

表 4-3　二级指标四个维度评价结果

选项	平均分	比例
重要性	28.69	29%
合理性	26.21	26%
可测量性	22.84	23%
可考核性	22.25	22%

重要性及合理性均值及满意率偏低的后三项指标是“学生满意度”“党建文化品牌”“党建研究”。可测量性及可考核性均值及满意率偏低的后三项指标分别为“教职工思想政治教育”“学生思想政治教育”“党建文化品牌”。

（二）评估指标体系的权重设置

指标体系中各指标的权重分配，除了考虑指标本身所在层次中的权重，还应考虑指标在整个目标层中的权重分配。综合权重是在得到结构中各要素的相对权重后，通过乘积法自上而下求出的各指标对目标层的权重。

根据调研对象意见结果，按照党支部书记35%、科室主任/职能部门负责人28%、其他干部17%、党支部委员20%的权重计算综合权重。

1.各级指标赋值情况

党支部考核结果构成方面，党建考核指标体系分值为67分，党支部年度工作述职评议33分，修正为70分、30分。党支部考核指标体系权重方面，党建基础管理和党支部作用发挥分别得分为51分、49分，取整修正为50分、50分（表4-4）。

表4-4 党建考核指标体系中一、二级指标赋值结果

第一部分 党建基础管理（50）			
一级指标		二级指标	
贯彻落实党的理论和路线方针政策，执行党中央、上级党组织及本党支部的决议	9	贯彻落实上级决策部署	3
		参加医院、总支重要会议及任务完成情况	3
		重点工作学习部署	3
突出政治功能，履行重点任务情况	7	参与科室重要事项讨论决策	7
思想政治工作与意识形态工作	6	主流宣传阵地作用发挥	2
		教职工思想政治教育	2
		学生思想政治教育	1
		意识形态主体责任制	1
党的组织生活	6	“三会一课”制度	4
		谈心谈话制度	2

续表

第一部分　党建基础管理（50）			
一级指标		二级指标	
党员管理	5	发展党员工作	5
党内监督	6	主体责任落实情况	2
		廉洁风险防控情况	2
		遵纪守规和贯彻执行情况	1
		检查发现问题及整改	1
密切联系群众，领导群团组织	5	党支部重视群团工作	2
		党支部重视统战工作	1
		民主管理	2
安全稳定工作	5	保密工作	3
		安全管理	2
第二部分　党支部作用发挥（50）			
一级指标		二级指标	
工作满意度	30	员工满意度	12
		患者满意度	10
		学生满意度	8
党建工作影响力	20	党建文化品牌	8
		党建研究	6
		奖励表彰	7

2.权重赋值的主要问题及修订意见

一是调查对象对三级指标设置和考核内容了解不充分，有的指标向下延展的内涵不深，导致二级指标权重赋值偏高，此类指标根据工作实际可适当降低分值，避免过于敏感。二是个别指标可靠性不够高，需加强后效评价。2016—2019年党支部考核工作中，客观存在“表彰奖励”分值相对较高导致党支部之间差距拉开过大，造成对基础管理较好、人员数量较少的党支部相对不公平的现象。此次调研中如“党建工作影响力”导向党建品牌、党建研究和典型示范，因该指标为新增指标，后效评价有待验证，探索阶段不宜设置过高权重，可稳步推进，在实践中修正。三是在第二次调研前，加强调研对象的培训，进一步阐明指标的顶层设计和内涵，着重沟通反馈第一次赋分过程中的存疑，更好地形成工作共识。

二、第二次调研情况分析

2020年5月13日至20日医院组织开展第二次调研，发放问卷28份，实际回收23份，有效问卷回收率为82.14%。指标体系意见征集扩展至三级指标，增加详细指标说明及评分标准；调整科学性评价指标四个维度为两个维度，将第一次调研权重结果作为参考值。

1.一级指标

评价指标条目的重要性、可考核性，均值在4.96~5.00，提示对指标科学性的认可度高，重要性皆为5.00，可考核性认可度相对较低的为“工作体验”4.92。

2.二级指标

评价指标条目的重要性、可考核性，均值在4.96~5.00，说明对指标科学性的认可度高。重要性除“主流宣传阵地作用发挥”“保密工作”“安全管理”外均为5.00，可考核性认可度仍需进一步达成共识。

3.三级指标

评价三级指标的重要性、可考核性，均值在4.92~5.00，提示对指标科学性的认可度高。重要性除“网站更新及新闻投稿情况”“新媒体开通及运营情况”“深度报道及被医院官方公众号采用科普文章等情况”外均为5.00，少数指标的可考核性可进一步公开评价标准和细化操作指南（表4-5）。

表4-5　三级指标专家咨询评分结果（部分）

三级指标	重要性	可考核性
完成党总支各项工作任务、参加总支工作会议等情况	5.00	5.00
党员大会	5.00	5.00
支委会	5.00	5.00
党小组会	5.00	5.00

续表

三级指标	重要性	可考核性
党课	5.00	5.00
党建相关经验做法、特色活动、工作模式等被主流报道及推广情况；打造或参与院内外党建和文化品牌活动	5.00	4.92
是否因对党员干部和职工教育、监督和管理不到位，导致本单位党员或职工发生违规违纪行为	5.00	4.88
网站更新及新闻投稿情况	4.88	4.96
新媒体开通及运营情况	4.88	4.96
深度报道及被医院官方公众号采用科普文章等情况	4.88	4.96

三、第三次调研情况分析

2020年6月10日至17日院内积极组织开展第三次专家咨询。本轮调研在原有2016年党建考核文件基础上，修订《基层党建工作考核办法》（2020年），内容涉及考核内容、考核方式、计分标准及结果运用，除3位专家对个别条目提出疑问外，全院上下整体形成共识。

第三节　工作推进，有声有色

以“思想—研究—凝练—推广—获得感”为主线，进一步完善有体系、有品牌的党建科学工作体系。

一、“四位一体”的党员教育体系

根据全院党员不同岗位、不同专业、不同院区等特点，明确不同目标、不同方法、不同措施，把教育任务具体化、差异化、精准化，做到有的放矢，让党员学得进去、议得起来、受到教育、得到提高。

一是在线学习品牌“学而时习”。每周二、周五推送，用身边人讲身边事，用身边事树身边典型。如2020年战“疫”期间，新闻媒体关注知名专家，“学而时习”用心原创，重点挖掘不为人熟悉的小医生、小护士兢兢业业奋战在一线的平凡事，让先进典型可敬、可信、可亲、可学，先后被卫生健康党建文化平台、全国高校思想政治工作网、中国卫生健康思想政治工作促进会网站、天府先锋、《党建参阅》等采用。

表 4–6　“学而时习”部分文章题目

题　目	题　目
《战“疫”场上的书记们》	《12年后我也上了前线》
《战“疫”一线的支委们》	《我的青春抗疫故事》
《“战友”战“疫”》	《前线话初心　启程再出发》
《战而有备　后继有人》	《凡是过往　皆为序章》
《从请战书到入党申请书》	《千里不辞行路远　时光早晚到天涯》
《一份迟交的思想汇报》	《谎言》

二是在位学习品牌“追光计划”。针对党员学习教育中党支部师资邀请难、党课质量不高、党员获得感不强等问题，根据《中国共产党党员教育管理工作条例》《2019—2023年全国党员教育培训工作规划》等要求，联合四川大学全国干部教育培训基地，推出“追光计划”，立足历史与未来的回望，国际与本土的碰撞，理论与实践的结合，遴选全国优秀师资推出100门精品党课，采取菜单式、模块式、个性化定制学习。按照党员学习32学时的要求，为党支部贴心、省心、细心准备五种打包培训方案，党支部只需一键选择，剩下的场地、师资、经费报销等所有的事务工作都由职能部门负责。党总支、党支部还可根据实际需要从中任意组合搭配生成自主式的学习教育安排。

追光计划 党员培训专题

—— 追逐光明 坚定信仰

“党员”线下集中培训专题课程方案

专题类型 课程 类型	党性 教育类 课程	形势政策 教育类 课程	业务工作 教育类 课程	综合素能 教育类 课程	实践 教育类 课程	合计
标准方案	8学时	8学时	8学时	4学时	4学时	32学时
党性教育方案	16学时	4学时	4学时	4学时	4学时	32学时
形势政策教育方案	4学时	16学时	4学时	4学时	4学时	32学时
业务工作教育方案	4学时	4学时	16学时	4学时	4学时	32学时
综合素能教育方案	4学时	4学时	4学时	16学时	4学时	32学时

图4–3　“追光计划”党员培训专题课程方案

2021年结合党史学习教育和庆祝中国共产党成立100周年系列活动，“追光计划”重磅打造“医心医意学党史，喜迎建党100周年”专题，面向全院设置党史公开课，邀请“长江学者奖励计划”特聘教授、国务院特殊津贴专家、宝钢全国优秀教师、中共党史研究专家、各级各类宣讲团成员等作为课程授课师资把党史讲全、讲深、讲透，让广大党员干部真学真懂真信真行，从百年党史中汲取前行力量。党员听完评价“课程内容翔实生动，讲解深入浅出”，党外人士评价“生动的语言、真实的细节梳理历史脉络，展现百年共产党初期的曲折发展、艰难探索，深受启发……”2021年4月1日“学习强国”APP以《四川大学华西医院打造党史学习教育“追光计划”》为题进行宣传报道，此文后被四川省人民政府官网、封面新闻、卫生健康党建文化平台等转载。

三是日常学习品牌“红色书架”。精准需求，你定我买，常学常新。以前全院各个党支部会统一订购报刊和学习资料，但使用频率和效果存在提升空间。2019年起，党委组织部定期提供书单，由党支部自由选择，医院统一订购，配送服务上门。病理科党支部、教务部党支部等还专门为党员建起图书角，促进学习交流。在全院广泛开展“深学笃行，书香满院”读书活动，在“学而时习”开设“悦读阅乐”栏目推出干部荐书，设置“阅读悦分享”栏目推出管理后备人才读书分享报告活动，他们各抒己见碰撞思维火花，集思广益凝聚智慧结晶。

图4–4　“阅读悦分享”部分文章题目

四是专题学习品牌“初心故事”。抓住关键时间节点，强化党员身份意识，充分发挥党员的先锋模范作用。如2020年以新冠肺炎疫情防控为切入点，精准开展“政治生日”五个一教育活动，即每个党员政治生日的时候会收到一张“政治生日纪念卡”，提交一份“政治生日提案”，重温一次入党誓词，党支部其他党员送上一句“政治生日寄语”，党委每个季度开展一次“政治生日聚慧”。政治生日聚慧的“慧”指智慧，就是要充分尊重党员同志的创新精神，提高每位党员同志参与医院治理的积极性、主动性，营造信任、共情、互动、互助、开放的环境，把医院治理渗透到事业发展的各个方面、各个层级、各个角落，使每一位党员同志都有意愿、机会和责任积极为医院事业发展建言、献策、出力，共同参与医院治理事务，全面促进治理能力提升。疫情期间，党员不论是在院内，还是在武汉一线，甚或是在意大利、阿塞拜疆等援外期间均能收到自己的政治生日纪念卡，时刻提醒自己不忘初心、牢记使命。政治生日的开展有效地丰富了党内生活，严肃了政治仪式，切实增强了党员意识，发挥了党员主体作用。2021年以庆祝中国共产党成立100周年为契机，医院遴选各个时期的入党申请书策划主题展览，讲好初心故事，展现发展轨迹，弘扬文化精神，诠释使命担当，激励继续前行。

二、前瞻布局务实管用的党建研究

医院党委明确提出“一流党建，一流学科”的目标，从方向、平台、队伍、成果四个关键要素体系构建党建学科。每年专项预算资助党建课题研究开展。近3年来，立项省级及以上纵向课题37项，发表党建和管理论文513篇。

一是抓准方向。围绕加强和改进公立医院党建重难点问题，发起并承担一批国家重点关注的前沿课题。2020年2月，在国家卫生健康委公立医院党的建设指导委员会指导下，敏锐捕捉新冠肺炎疫情防控中的热点、难点和痛点问题，与国家卫生健康委干部培训中心（党校）联合设立应急管理专项面向全国招标党建课题负责人（表4–7）。

表 4–7　2020 年全国公立医院党建研究招标课题

课题名称
党员干部担当作为的激励机制研究
干部急难险重专项考核机制研究
大型综合公立医院干部考核体系研究

续表

课题名称
公立医院基层党组织党建工作系统考核评价体系研究
重大突发应急医疗救援中医疗卫生行业党组织领导核心作用和一线临时党支部战斗堡垒作用的发挥研究
重大突发应急医疗救援中党员先锋模范作用的发挥研究

二是搭建平台。申报并获评教育部全国党建工作标杆院系培育创建单位、国家卫生健康委党校华西培训基地，启动建立公立医院党建研究室，与四川大学全国干部教育培训基地签订战略合作，与四川大学马克思主义学院签订公立医院党建研究合作备忘录，积极推进集主管部门、学会协会、同级医院、联盟医院等于一体的纵横网络，深度交叉政治、公共管理、工商管理、文学与新闻等专业学科跨界合作平台。合力打造一个高起点的党建研究团队，组成一支高素质的思政教师队伍，孵化一批高质量的党建研究成果，形成一个高标准的党建创新品牌。集医院党建研究、教学、培训和咨询的产、学、研、用一体化平台，以期塑造“医学+”“医院+研究院”的学科交叉典范，形成集群效应，不断提升党的建设理论、实践研究水平。

三是锤炼队伍。党务骨干在医院职业发展“天花板”明显，院党委给他们压担子、指路子、出点子，开通党务骨干职称和职员双向晋升通道，鼓励团队多渠道发展：让富有创新思维的党务干部组建创设团队，让擅长研究的党务干部成为思政研究者，让思维敏捷、行文流畅的党务干部成为写作能手，让表达清晰、感染力强的党务干部成为金牌讲师，规划团队每一个人的职业生涯发展，关心他们的现在，留住他们的未来。组织党建研究专题培训班，围绕新时期党建研究的重点和选题方向、党建课题研究方法、党建研究论文撰写、党建类社科基金项目申报等方面开设专题讲座。2018—2019年，院内获准立项课题负责人45位，其中研究生学历占82%，高级职称占51%，硕博士生导师占33.33%。

四是有用管用。明确党建研究不是为研究而研究，而是做有用管用的研究，主要目的还是用科研的思维和方法解决工作中的重难点。如门诊部党支部牵头课题“全面深化医改背景下大型综合医院党员发挥先锋模范作用路径研究”，针对党员评价难以量化的实际问题，从党员、群众、患者3个维度，通过文献研究和专家咨询建立指标体系并赋权，再采用多层次模糊综合评价法将定性指标定量化，准确定位短板，寻找符合科室特点的优秀党员培养路径。指标体系对了解党员发挥先锋模范作用现状和追溯优秀党员成长路径具有较好的应用效果和指导意义，在门诊部等多个党支部试点的基础上利于转化为院内行之有效的工作制度推广使用。再如头颈肿瘤党支部和科研实验室第二党支部联合研究的“移动互联网与大数据时代医院科室思想政治教育模式研究”，针对教育对象的多样性、思想政治教育载体显著变化、信息传播方式影响认知方式改变等问题，用大数据挖掘的方法客观分析微信、微博、网站等平台数据，探索移动互联网平台的大数据工具在思政教育中的应用和符合院科实际的思政策略。

第四节　凝心聚力，有情有义

以患者信赖与托付、师生荣耀与温暖、同行尊重与推崇为目标加强思政内容建设，医（学）院突出三个功能定位，让员工在“学校”能够学习与成长，搭建“平台”让其历练与提升，让员工在“家”里能够感受到荣耀与温暖。

一、学校：学习与成长

构建人才摇篮、人才新星、人才骨干、学科带头人、首席（领军）专家组成的分级分类人才管理与培养体系。基于岗位胜任力构建医院员工继续教育培训体系，分层设计区分共性与个性，提供“自助餐、菜单式、系统性”模块化组合培训课程。如双周一次的职工思政教育，开通“思政直通车”课程直选。汇集全院精品思政课程列成“菜单”在华西微家企业微信号上推出，党支部只需像电子平台购物一样手机点选预约，就能实现“学你所愿，送货上门”。

二、平台：历练与提升

医院全面推行精细化管理，建立了符合现代医院特点，分系、分类、分层、分级的新型人事管理体系。高度关心员工成才，制定了《人才培养专项出国〈境〉基金管理办法》《职工在职提升学位暂行管理办法》《青年员工国际会议资助制度》《青年员工国内外进修学习资助制度》《专业小组短期出国（境）学习资助制度》等系列人才培养制度，构建起以“一流人才队伍、两个百人计划、三大拔尖人才培养计划、四大后备人才培养措施、五大人事制度改革”为一体的华西人才体系。对“一刀切”的人才评价方式进行改革，职称工作中探索开通临床医疗系列–优势技能主任医师晋升通道和院内高级资格聘任。受限于每年的职称评审名额，很多优秀的年轻骨干尽管达到或超过职称评聘条件，但依然无法晋升，可能在一定程度上影响后续发展。为了更好地鼓励年轻骨干成长成才，对达到学校职称评聘条件的年轻骨干，医院先实行职称“地方粮票”，具体做法是内部先予以认可，在工资待遇和其他资源条件匹配上一视同仁，对外允许以副高身份交流等。

医院尽量为员工搭建各种平台，鼓励其参与公立医院高质量发展中的团队治理。改变院内权力的运行向度，打破垂直科层结构，促进横向水平网状运行。重点解决了三个方面的问题：第一，赋权。涉及重大事项决策、管理提升、服务改进、疾病诊疗等方面问题，大力赋权给医院内部（处）、科（室），医护技管一线员工和患者、家属等利益相关方。如在改善医疗服务行动计划工作中，医院面对患者所急所需难题，积极向一线员工赋权。出院患者结算流程复杂、渠道单一、等待过长等一直是第三方满意度调查长期反馈的问题，主客观均存在原因。一线员工带着问题模拟患者进行全流程、全过程、全系统的就医体验后，提出并落地了综合改进方案：从现场支付到远程支付创新服务方式，从窗口结算到移动结算优化服务流程，从人工结算到智能结算改变服务理念，从收费结算到费用管理提升就医体验。赋权的途径有两种：一是组织赋权，包括增设机构、废除规制、下放权力等方式。如在四川大学推进的医工结合建设中，设置了医学+信息、医学+材料、医学+制造三个中心及基于5G的医学服务转化平台。二是员工赋权，将权力推行至一线员工。赋权不仅是改变实际权力的分配，也包括提升一线员工的存在感、认同感。如2020年抗击新冠肺炎疫情期间，医院组织平台关注并转发普通职工的微博、微信，极大地激发了员工的干事热情。第二，行权。行权关注以兴趣为基础。如在医院有这样一帮不务正业的医生，他们有IT开发兴趣且有志于推进“医疗＋互联网”运营及医院信息化建设，他们来自于医护技管一线，承担和参与了医院His系统升级，以及新冠肺炎疫情防控期间互联网医院的上线运行和华医通APP上新冠专区、门特专区等功能开发，搭建起基于但不限于信息化建设的无限开放创意平台。医院高度认可该团队的工作，提供重要资源支持，重用团队核心骨干。第三，以临床一线问题为中心，强化对问题的感知、研判和解决。问题源自患者的焦急、忧虑、紧张、不适、不满、需求、诉求和愿望等等，医务人员需要靠同理心、仁爱和敏感度去感知问题，靠科学、理性和深度去研判问题，靠资源整合、优势互补和分工协作去解决问题。如医院于2004年开始把品管圈作为医疗质量持续改进的工具，圈长由非干部担任，实践从大水漫灌走向问题导向、精准发力的模式，院内上下互通，形成了双螺旋管理运行机制。比方说，骨科针对围手术期患者恶心、呕吐、饥饿等主观体验差的现状，组建品管圈团队，探索建立多学科营养管理模式，促进骨科患者快速康复，实现了患者体验感、学科声誉、经济效益和社会效益多赢的局面。再如，2020年初支援武汉一线的青年医护团队积极运用品管圈等管理工具，全程回顾整体治疗方案，持续改进医疗质量，提高治愈率。

三、家：荣耀与温暖

一方面聚焦荣耀，打造以“主题表彰+即时奖励”的“华彩人生激励体系”。院内每年有两次隆重的表彰，一次是年终的先进集体和先进个人表彰，一次是每年“七一”的“两优一先”表彰。尽管每年表彰名额都会随着受表彰对象的基数增长而有所增加，但远远不能满足基层员工希望得到医院认可的需求。2017年，院内曾经按当时的表彰名额和频度测算过，假设员工方方面面都表现得很好，如果每个人都表彰一次大约需要40年时间。院党委以问题为导向，创新性探索即时奖励项目，设置“华萤奖”和“华创奖”两个奖项。“华萤奖”以医、教、研、管中的微创新、微改变为奖励对象，旨在关注像萤火虫一样的微光精神；“华创奖”聚焦创新引领，关注高精尖技术。这两种奖项一是不限定表彰名额。员工只要认为符合条件都能申报。比方说住院患者入科教育方式、手环颜色等微小的改变取得了一定成效都可以申报。二是不限定评审时间。根据申报数量和质量，适时组织评选。医院专门在华西微家开辟即时奖励栏目，所有项目申报都可以在线随时提交。三是不限定评审专家。“华萤奖”的评选鼓励患者、员工等广大群体参与；“华创奖”的评审由院内各层级人员代表300人组成，每次随机抽选一定数量的相关专家，全部在线通信评审，达到一定比例即可获奖。四是不限定奖励类型。员工关注什么，就奖励什么，奖品包括学术休假、培训提升、健康体检、绿色果蔬等。如一位病房护士获得“华萤奖”，可以带着父母来共享她工作中的成长，医院提供一家三口人的健康体检；一位专家获评“华创奖”，他可以带着家人享受学术休假或者选择有机蔬菜周周配送到家，让家人能够更加支持和理解自己的工作。

二是聚焦温暖，构建员工立体关怀体系。针对青年员工，院内开展科技、生活、联谊等不同主题的青年周末俱乐部，以促进交流成长。针对离退休人员，明确党支部的关心关爱职责，为每人发放“温馨告知卡”，让家属清楚生病住院及紧急情况的院内联系人；推行70岁以上老人“晚霞关爱”计划，一个青年员工联系一位老员工，明晰时间节点和工作内容。针对全院员工，医院自下而上成立了18个基于共同兴趣爱好的职工兴趣协会，每年投入一定经费支持员工组织各类活动，在丰富业余生活的同时，也成了学科交叉的深度交流平台。针对全院员工子女，开设小学生假期托管营，解决员工后顾之忧。医院党政领导班子高度重视课程内容建设，第一次举办的时候认为第三方服务平台提供的学习计划不具备医学特色，相关部门在员工微信群里@骨科、眼科、心理卫生中心等科室负责人针对孩子坐姿纠正、视力保护和阳光心理等内容专题授课，实地参访院内病理博物馆、临床技能中心等地，规划设计下来医院用最少的资源培养了一批最忠实的医二代，孕育出他们对父母的理解、崇拜和自豪。

第五节　作用发挥，有彰有显

在战争年代，当一名共产党员意味着奉献和牺牲；在和平年代，当一名共产党员仍然意味着奉献和牺牲。从“5·12”汶川特大地震到九寨沟地震，从非典防治到新冠肺炎疫情防控，医院在第一时间选择外派医疗队员时，院党委要求“首先从党员派起，哪里最困难，哪里最危险，哪里就派共产党员”。四川大学华西医院的共产党员不仅是一个称号，更是一种义务、一种责任，是面对困难时一往无前的力量，是一种面对生死考验时挺身而出的勇气。

一、汶川特大地震：无坚不摧的战斗堡垒①

2008年5月12日14时28分，四川省汶川县发生 8.0 级特大地震。四川大学华西医院作为距离震中最近的大型综合性医院，院党委与行政

①内容改编自编者论文：姜洁，邓绍林.大地震中无坚不摧的战斗堡垒[J].中国医院，2008（8）：1-4。

一道，在第一时间向全院党员干部吹响了抗震救灾的集结号，一切为了伤员，所有方案围绕一线制定，所有人员向一线聚集，所有的通道为一线开放，所有的物资为一线保障，充分发挥国家级部属医院的骨干支撑和引领作用。全院2 500余名党员干部团结一心，与时间赛跑，与死神较量，舍生忘死，冲锋在前，在鲜红的党旗上写下了共产党人对人民医疗卫生事业的忠诚。

一是加强党的领导，从容应对灾难。面对突如其来的灾难，医院立即启动了应急预案，成立抗震救灾领导小组和指挥中心，明确了“举全院之力，有一线希望、尽百倍努力，挽救受灾伤员生命”的战斗目标。在大地颤抖、房屋摇动、通信中断的第一时刻，党员干部迅速赶赴手术室和各业务区，亲自指挥医疗业务区各楼宇中病人的疏散，撤离中坚持病人安全至上的原则，要求医生和护士与病人同在。以党总支、党支部为单位，向病员及家属通报情况，安抚情绪，守护治疗；对留在病房和ICU无法移动的重危病人，医护人员坚守岗位，全力保障病人安全；手术室医护人员在地震和多次余震中，一边按着手术台防止移位，一边相互安慰，相互鼓励，坚持手术，震后3小时完成56台手术后全部转移。整个工作井然有序，无一例死亡，无一例纠纷。

“那一刻，我们一定会挺身而出”，这是医院全体党员面对灾难共同许下的诺言。灾难发生时，肾脏内科血液透析病房里58个病人刚刚开始透析，巨大的恐慌使有的病人自行拔针，冲出病房。“大家不要慌，我们医护人员一定与你们一起安全撤离”。那一刻，所有人的目光迅速定焦在党支部书记身上。年轻党员护士黄琴，在护送重病人安全离开后，又迅速跑上楼，继续疏散病人。那一刻，她已经完全忘记了自己肚子里还有个未出世的娃娃……血液科位于医院第一住院大楼的最顶楼，面对左右摇晃的病房，那一刻党支部书记迅速决定，“组织所有能自行走路的病人分批沿着楼梯转运到楼下空旷地带，对不能行走的病人，全科室的医护人员就算挨个背，挨个抬也要保障所有病人的安全！”那一刻，科室的年轻党员住院医生代阳、邝璞，入党积极分子刘志刚医生和研究生董天，主动请缨，要求在其他医护人员护送病人撤离的过程中，留下来照看病人。“下午两点钟正是手术的高峰期，很多病人都给了麻醉剂，最基本的生命支持都需要仪器来维持，我们怎么能丢下病人跑呢？”麻醉科党支部书记朴素地说。当时一个小孩刚做完眼科手术躺在手术台上，给入肌松剂后却由于胆碱酯酶缺乏一直无法苏醒。那天他们在无数次余震中静静地守护着小孩的生命。四五个小时后，孩子终于醒了，她的母亲忍不住流下了感动的眼泪。那一刻，ICU病房的医护人员正在接受《成都晚报》记者采访，面对突然东倒西歪的仪器，听到玻璃咔嚓咔嚓的声音，医护人员立即回到自己的岗位，第一时间安抚病人。当焦急的家属第一时间打进电话询问病人的情况时，当闻讯赶来的家属冲进ICU病房时，他们看到病房里平静如常，全体医护人员在各自岗位上忙碌着，就像地震从来没有发生过一样，他们热泪盈眶……《成都晚报》的记者为全体医护人员拍了张照片，那一刻，他们选择了与病人同在，如果大楼坍塌，如果不幸发生，这张照片就是他们集体的遗照……那一刻，病人如是说，“当地震发生时，我们害怕，但当看到没有一个医护人员离我们而去时，我们心里就踏实了；当我们在楼下时，我们很担心，但看到你们一圈又一圈地寻找我们时，我们就放心了；当我们返回病房时，我们很犹豫，但看到医护人员都守在我们身边时，我们睡得很踏实”。

二是党作坚强后盾，保证医疗攻坚。各党总支、党支部和全体共产党员将抗震救灾工作作为当前首要的政治任务，用强有力的思想政治工作统一全院职工的思想，发挥好党支部的战斗堡垒作用。紧急动员、迅速传达党中央、国务院和上级有关部门对抗震救灾工作的总体部署；严阵以待，全院党员干部实行24 小时值班制度，保证各项工作及时、有序地落到实处；主动关心，注意全面收集和掌握全院职工家庭受灾情况，并及时看望慰问；高度关注全院职工思想动态，及时宣传涌现出来的典型人物和先进事迹，弘扬正气，调动一切力量，引导全院职工把思想和行动统一到抗震救灾的重点工作上来；关怀服务，高度重视伤员的安抚工作，增强他们战胜困难的信心和勇气；奉献爱心，在全院范围内广泛开展为灾区捐赠的活动等。

在抗震救灾的日子里，党政领导干部带头上。党委书记和院长都把医院当成了自己的家，他们每天休息两三个小时，有时候刚躺下，呼啸而来的救护车使他们又精神抖擞地回到工作岗位。在他们心里，伤员和职工是比家人还亲的人。他们想方设法帮助解决奋战在一线医务人员的实际困难和伤员的一切困难。由于灾情严重，医院不断有外派医疗队任务，院党委两位副书记主动请缨，要求带队奔赴一线。一位说，我是军人出身，在战地医院里摸爬滚打过，有经验，让我去。另一位坚持说，作为一名共产党员，此时此刻，废墟里伤者无力的呻吟、瓦砾旁孩子痛苦的哭喊、帐篷内大量等待救治的患者、雨夜中献血群众排成的长龙，都让我难以平静、无法沉默、不能等待！我年轻，我坚决要求带队去一线。班子成员顶着烈日、冒着高温连续数天在凤凰山机场接收、分诊和转送病人。院党委委员、骨科主任裴福兴，有着39年党龄的共产党员，为了那一个个急需救治的鲜活生命，拼上了全部的体力、健康和感情。在灾后十天十夜，240 个小时，14 000 多分钟里，每天以小跑的速度在医院里来回穿梭几十公里。胃疼了，腹泻了，就吃一片药片；90岁的老岳母病重住院，所在病房离他所在科室仅有100 米之遥，而这十天十夜里，他却始终没有踏出那100米的距离，被同事们称为“铁人”战士。急诊科党支部书记满眼血丝，声音嘶哑，但脚下的步伐一点也没放慢，在她心里只有一个念头，那就是一定要把伤员从死亡边缘拉回来。急诊科就是家，病人就是家人，伤员们需要人安抚，职工们需要人凝聚，党员就是主心骨，没有豪言壮语，却用实际行动践行着一个共产党员的使命。“我们有疑虑、困惑时，首先想到的总是书记”，护士们如是说。“她把悲伤和难过都留在了心里，却把生的希望写在了脸上”，伤员们如是说。共产党员邓一芸是ICU的主治医师，是来自彭州的4岁小朋友刘欣怡的主治医师。接到科室患者急救电话，她把自己的孩子托付给超市员工，以最快速度回院参与抢救，家里告知由于超市员工没看住，孩子不见了，她安排家人迅速寻找，自己却选择留守在病床旁。病人生命至上，是每一位医护人员共同的追求，正是这种无私的大爱，让他们在忠于党，忠于人民，在大家与小家的选择中，只能选择吝啬给小家的爱，亏欠给亲人的情。这样一支先锋模范团队，影响和带领全院6 000名员工的大团队在生命抢救中书写着不抛弃，不放弃，延续生命的篇章……

三是灾难考验党性，党员冲锋在前。灾难发生后，院党委要求“首先从党员派起，哪里最困难，哪里最危险，哪里就派共产党员”。共产党员、手术室护士叶春，在战地日记里这样写道：“这是一场突如其来的灾难，考验着我们的社会，我们的民族，我们的国家，考验着我们的党和人民，也考验着我的党性……”和叶春并肩作战的战友、共产党员程华，写道：“……一路飞沙走石，救护车或走或停，绕开大大小小的障碍，艰难前行……但是我无怨无悔，如果再让我选择，我仍然会做出同样的选择！因为，我是一名共产党员！”共产党员成翼娟是医院的护理部主任，地震发生时，她正在北京参加护士节的庆祝活动。听说家乡发生地震后，几经奔波回到岗位。“我不能离开医院，这样才能在需要的时候第一时间找到我。只有在这里，我的心里才踏实。”面对灾难，冲在最前面的是共产党员，担负重任的是共产党员，将生死安危置之度外的是共产党员，充分体现了这支队伍无坚不摧的战斗力。

二、芦山地震：党旗飘扬，党徽闪耀

2013年4月20日，四川省芦山县发生7.0级地震。震后第2天，院党委迅速在全院开展“党旗飘扬，党员争先”系列主题教育活动，要求充分发挥党支部的战斗堡垒和党员的先锋模范作用。前线医疗队临时党支部、急诊科党支部、骨科党支部、ICU党支部、神经外科党支部、小儿外科党支部、放射科党支部、实验医学科党支部、超声科党支部、麻醉手术党支部等10个党支部在抗震救灾中表现突出，被授予“抗震救灾先锋党支部”称号。

一是战地党支部党旗飘扬。有什么样的党支部，就有什么样的战斗力！医院在派出医疗队同时成立临时党支部2个，临时党支部充分发挥主心骨的作用，党员带头冒险徒步进入重灾区，党员带头辗转数个村落抢救伤员，党员带头空降重灾区，在老党员的感召下，前线火线入党党员7名。

临时党支部和医疗队先后转战芦山、宝兴重灾区，崎岖泥泞的山路、频发的次生灾害，没能阻挡他们前进的步伐。临时党支部书记、党员干部带头背负几十千克的物资冒着泥石流两次徒步8公里进入震中宝盛乡，由于大面积塌方，加上不断有滚石飞落，队员们只能手脚并用地在泥泞中爬行。骨科党员孔清泉在战地日记中写道：“余震不断，夜间小雨，山体滑坡，道路十分危险，但为了救治伤员，我们一行4人没有一个退却，及时安全地将伤员从大山深处转运出来接受治疗……”急诊科护士佟乐在入党申请书中这样写道：“新明村因路况特殊，救护车无法前往……一边是塌方的碎石，一边是悬崖峭壁，我们步行在狭窄的山路上。刚开始我心里也担心过、恐惧过，但当我看到背着沉重背包走在队伍最前面的人，我勇敢了起来，这是共产党员给我的力量……”

震后5日，帐篷外一面鲜艳的党旗格外醒目，3位火线入党的队员用手机下载入党誓词并在药盒上工工整整地摘抄下来。院党委书记亲赴灾区一线，含着热泪感谢和鼓励医疗队员：“这次参与前线救援的同志，都勇敢地体现了华西人应有的责任和担当，体现了医者的大爱无疆，我们无愧于肩负一生的职责！我们不能辜负党和人民的厚爱与希望，让我们一起继续共同努力，打赢这场生命的战役！”六天六夜里战地医疗队共完成伤员预检分诊350余人次，救治70余人次，巡诊800余人次，危重伤员查房近百次，转运伤员53人次，发放药品30个品种、2 000份，救护车出车上百次，行程超过10 000公里……

二是先锋党支部中流砥柱。芦山地震按照危重伤员集中救治的要求，四川大学华西医院成为收治危重伤员最多的医院，占全部危重伤员的80%。而ICU则是这场医疗攻坚战的主战场。按照医院工作需求，结合丰富的地震救援经验，震后在派出医疗队员的同时，SICU预留床位20张、ICU预留30张，并备齐足够的呼吸支持设备和物资，集结40名医生、200余名护士立即投入战斗。从震后3小时收治第1例危重伤员起，全体医护人员自动取消所有休假，夜以继日坚守岗位，多科联合救治创造了地震救援危重伤员零死亡的医学奇迹……

骨科是芦山地震全院收治伤员最多的科室，占收治人数1/2以上。在骨科党员干部的率先垂范下，全科医护人员连续作战不计得失，夙夜工作。他们不仅承担了对病人的医护任务，也全面保障了病人家属的生活安置，不断加强对老、幼、孕病人及家属的生活护理与特殊照顾，在伤员救治中，体现出一贯的高素质、高水平、高质量，为灾区伤病员筑起一道坚固的生命长城。

作为院内现场救援的先锋力量，急诊科再一次冲锋在前！迅速开通抗震救灾绿色通道，设立地震检伤分类区；党员干部带头取消休假，医务人员轮班由四班制改为三班制，每班延长时间，每位医务人员均处于加班状态。清华大学医学院副院长王仲亲身参与、见证和高度评价了华西医院在芦山地震中的急诊工作，他说：“伤员一个接一个被送来。急诊科成了实战的战场。医生、护士、志愿者、各科室支持人员、院领导都在急诊科集中。不同着装的人承担着不同的功能——接病人下车和初步检伤，在预检处进行分诊，送到抢救室全面诊断……每一道工序都井井有条，快而不乱。今天，四川大学华西医院以及他们的急诊科真真正正地给我上了一课。除了组织严密、流程合理、设备齐全等大家都可以看到的之外，华西医护人员的敬业、奉献精神是我此次最为深刻的感受。”

面对灾难，神经外科党支部积极应对，党员主动请战奔赴一线，主动请求承担重要岗位，年轻的“80后”“90后”年轻人在党员的感召下，主动参与战斗，默默无闻、任劳任怨地奋战在一线，吃住在病房……震后8天，神经外科共接收地震伤员47人，党员干部带头坚守一线，不分昼夜为伤员进行手术；寸步不离为危重伤员守护，不断调整用药，观察病情，直至病人脱离危险期。

三是党员队伍合力攻坚。有什么样的党员队伍，就有什么样的冲锋力！金晓东，ICU党支部书记兼副主任，汶川、彝良、芦山等历次地震战地医疗队中都有他的身影。震后还未接到任何指示，他已准备好背包赶来医院，深知地震一线灾区的医疗救援情况，少不了富有危重伤员急救经验的ICU医生。没有人知道他在震前1周因高血压发作，一直头痛不适，随时伴随颅内出血的高风险，可是他丝毫不顾自己的身体，没有向任何领导说出自己的身体状况，主动请战一线。按照地震中伤员集中收治的要求，结合院内ICU的收治压力，考虑到他丰富的临床实战经验和精湛的医疗技术，医院把他从前线撤回，顾不上回家，他就一头扎进病房，投入危重伤员抢救。ICU医生周琰、烧伤科医生肖海涛均为首批派出医疗队队员，他们均有临近预产期的妻子，舍小家顾大家成了他们关键时刻共同的选择。周琰刚从前线回院，放下手里的背包，即刻又背起另一个背包踏上了奔赴甘孜藏族自治州守护危重伤员的任务；肖海涛回院妻子已然生产……急诊科护士长高永莉家在雅安重灾区，震后通信中断，家人生死未卜，但她始终秉承医者的职业精神忙碌在一线……这样的党员还有很多，有的家里房屋完全倒塌，流着泪坚守岗位，并还主动请战奔赴一线，有的党员夫妻双双奋战一线，虽在一栋楼却多日见不上一面。

在党员同志的带领下，车队、中央运输、中央厨房、设备物资、保卫、保洁等普通工人，没有豪言壮语，却用自己最朴实的情感，最真诚的行动，奋战在抗震救灾的各个岗位上。

“80后”“90后”的年轻人第一时间主动报名参与志愿服务，完成志愿服务1 563小时。更多的研究生、规范化培训学员默默无闻、任劳任怨地奋斗在一线，吃住在病房，他们是华西的明天和希望。

三、新冠肺炎疫情防控：党有号召，使命必达

面对突如其来的新冠肺炎疫情，院党委始终坚持以习近平总书记关于疫情防控工作重要指示精神为指引，坚决执行中央指导组和国家卫生健康委统一部署，在校党委的领导下，为全面打响打赢湖北保卫战、武汉保卫战、疫情防控阻击战提供了坚强保证。

一是党旗所指，院必所向，让红色旗帜在疫情防控第一线高高飘扬。疫情发生后，党委书记、院长立即行动，亲自动员部署，主持推进

抗疫工作，要求困难面前班子带头上。党委常务副书记罗凤鸣同志大年初一带领医疗队出征，三赴武汉，坚守抗疫最前沿70天。医院迅速组建266名医护人员，其中党员178人驰援我国的武汉、成都、重庆、西藏、道孚、绥芬河、新疆、河北、云南等地区，以及国外的埃塞俄比亚、吉布提和阿塞拜疆等地，“疫”往无前，展现出“最美逆行者”的风采。

二是党有所令，院必所应，让战斗堡垒作用和先锋模范作用彰显在抗疫最前沿。党员当先锋，战“疫”打头阵。“我是党员，我先上”“请优先考虑我，随时待命”，3 713名党员干部职工主动请战，7名党支部书记、11名党支部委员、11名党员干部勇敢迎战武汉一线。感染管理中心党支部书记白浪夫妻两人互相瞒着对方报了名，白浪说：“我想这个时候带着年轻的党员一起去，毕竟我还经历过‘非典’。”战术上进一步完善核心制度、规范救治流程等，切实提升医疗安全和防护安全水平。战略上直面疫情，党员带头申请到疫情最严重、工作最繁重的岗位，89岁的老党员在捐赠中说：“哪怕是能多添一个口罩，也是一份力量”；84岁的老党员通过在线咨询支持抗疫；78岁的老党员瞒报自己的年龄坚持做志愿者服务；机关党员干部主动申请做“大白”，持续做好志愿服务。广大党员在工作实践中彰显共产党员本色，涌现出一大批党员抗疫先锋。63人在疫情防控一线向党组织递交入党申请书，并被确定为入党积极分子，发展预备党员27人。一位党员在入党申请书中写道：“在武汉，共产党员争先恐后、无惧无畏、无怨无悔的大无畏精神无时无刻不在感召着我，让我想加入党组织，想去像一名共产党员那样战斗……”党支部打攻坚，危急不下阵。疫情前方成立1个临时党总支、8个临时党支部不畏困难、迎难而上，带头重建改造病房、制定内部管理制度、规范治疗方法等，充分发挥了党员的先锋模范作用。后方感染性疾病中心党支部、呼吸与危重症医学科党支部、实验医学科党支部、重症医学科党支部、急诊科党支部、放射科党支部等勇挑重担、攻坚克难。实验医学科党员王旻晋身着隔离服，隔着玻璃写下“我很好，请组织放心，保证完成任务！”

三是党有号召，院必所至，让合力攻坚和众志成城书写在疫情防控的先锋榜上。全院不讲条件、不计代价，全力打好全国总体战、湖北保卫战、四川阻击战，彰显了“人民至上、生命至上”的价值理念，取得了援鄂医疗队零感染、整建制接管病区新冠患者死亡率低、整体接管成都市公共卫生临床医疗中心后患者零死亡等成绩，展示了国家队的责任与担当，也体现了中国医护人员真正的价值追求和时代精神。医院获评“全国抗击新冠肺炎疫情先进集体”“四川省五一劳动奖状”。重症救治团队获评“全国卫生健康系统新冠肺炎疫情防控工作先进集体”。援鄂青年突击队获第23届“中国青年五四奖章集体”。感染性疾病中心获评“全国三八红旗集体”。全院2人获评“全国优秀共产党员”；4人获评“全国抗击新冠肺炎疫情先进个人”；5人获评“全国卫生健康系统新冠肺炎疫情防控工作先进个人”。

第五章
百花齐放的华西基层党组织

四川大学华西医院党委全面贯彻落实新时代党的组织路线，以提升组织力为重点，突出政治功能，积极推进党支部标准化规范化建设。选优配强党支部书记和党支部委员，加大培训党务骨干力度，让党支部书记有位度、有压力、有能力抓好党建工作。提高科室管理小组成员担任党支部委员的比例，加强党支部建设与业务工作相互融合、相互促进。强化党员身份意识，优化党员队伍。以党内主题教育活动为抓手，使责任扛起来、立场硬起来、纪律严起来。按照控制总量、优化结构、提高质量、发挥作用的要求，做好高层次人才、高知群体、学术骨干的培养和发展工作，使党员结构不断优化。坚持党的组织生活各项制度，健全主题党日活动制度，创新方式方法，增强党的组织生活活力和实效性，坚持和完善党内民主，尊重党员的主体地位，畅通党员参与决策的途径，完善党内民主监督制度。一个党支部就是一座堡垒，四川大学华西医院党支部工作呈现出百花齐放的工作状态。

第一节　急诊科党支部：党建引领群团共建

急诊科实行了7×24（每周7天，每天24小时）的工作模式，每月在急诊科一线工作的医护工及各类学员超300人，培训学员流动性大，医务人员采用轮班、倒班制，团队平均年龄33岁。同时，急诊工作任务常年繁重，年均就诊人次超25万，抢救人次逾6万，突发事件与急难险重任务多，需同时做好外派内守的双重任务，还要兼顾教学和科研任务。急诊科人员众多、队伍年轻、结构复杂、思想多元，且工作地点还分散在不同院区和同一院区不同地点，总有1/3的人员相互之间难以碰面，给党支部及群团工作带来挑战。

急诊科党支部从组织架构上确保党政同心、双向融合的工作机制，将党员、群众实施网格化管理：科室主任兼党支部书记全面负责科室党建工作，副主任、科护士长和护士长担任党支部委员，同时每个党支部委员兼任1个党小组组长，每个党小组负责8~9个党群对子，每个对子由党小组成员与科室民主党派及群众共同组成。党支部通过党群结对子的形式，建立支委会—党小组—党群对子的纵向架构，通过党支部的组织生活、党建学习、结对子谈话等横向联络，组成每格均有党员引领的44个纵横交联的网络格子。2018年12月10日党支部申报并获批教育部首批全国党建工作样板支部，并于2021年1月26日顺利通过验收。党支部紧紧围绕“七个有力”，努力实现一流党建、一流学科的目标。

一、教育党员有力

党支部始终把政治建设摆在首位，用习近平新时代中国特色社会主义思想武装党员头脑、指导实践、推动工作，教育党员牢固树立“四个意识”、坚定“四个自信”、做到“两个维护”。认真贯彻落实党的路线方针政策，宣传执行上级党组织及本党支部的决议，党支部党员、师生始终在思想上、政治上、行动上同以习近平同志为核心的党中央保持高度一致。

深入推进“两学一做”学习教育常态化、制度化，规范落实“三会一课”制度。如在“不忘初心、牢记使命”主题教育中，党支部书记、主任带头讲党课，知名专家深入讲党课，发动党支部委员、党员骨干人人讲党课，以讲促学形式多样，“三会一课”出勤率98.46%。结合工作实际，以“微党课”分章节系统学习党的十九大报告和十九届历次全会精神、《中国共产党支部工作条例（试行）》《关于新形势下党内政治生活的若干准则》《中国共产党纪律处分条例》《中国共产党党员教育管理工作条例》《中共中央关于加强党的政治建设的意见》等重要内容8 984人次。针对《中国共产党章程》《中华人民共和国宪法》《中华人民共和国民法典》以及“党史、新中国史、改革开放史、社会主义发展史”等内容，党支部设置问答226道，以问促学，提升学习热情，参与答题2 179人次，答题正确率94.72%。围绕主题教育学习目标，党支部以党小组为单位分组讨论，以辩促学。积极与院内外多系统、多类型党支部开展党建联谊，以鉴促学，共同提高。

二、管理党员有力

坚持党员发展标准，严格党员发展程序，注重政治合格，端正师生入党动机。积极团结凝聚高层次人才、优秀青年骨干和海外留学归国教师，符合条件的及时吸收入党。近两年，党支部共发展党员6人、转正4人，吸收入党积极分子6人，接收入党申请书12份，其中2名援鄂医疗队员在2020年初武汉新冠疫情防控前线被确定为入党积极分子。

党支部教育引导师生党员在日常医疗、教学、科研和管理服务中亮出身份，在科室显眼区域设置“党员在行动”宣传栏立起先进标尺，树立先锋形象。在历次地震、泥石流等重大自然灾害，以及火灾、交通事故等重大公共安全事件和“非典”、新冠肺炎疫情等重大公共卫生事件的应急医疗救援中，到处都有党员挺身而出，冲锋在前的身影。面对突然而来的新冠肺炎疫情，党支部充分发挥战斗堡垒作用，精锐出战，勇挑重担：一方面三线作战，主动作为。2020年1月17日起，驰援武汉一线、支援成都市传染病院（定点收治医院）、坚守院内第一防线，急诊科在人员不变的情况下医疗工作筑起三道生命线。另一方面党员带头，担当作为。科室全体医护人员主动终止春节休假，第一时间投入疫情防控工作。238名医护人员在大年三十夜递交支援前线请战书，92名医护人员值守发热预检分诊、发热门诊和发热抢救室工作，123名医护人员利用休息时间担任夜间志愿者，党员自愿捐款支持新冠肺炎疫情防控工作。

三、监督党员有力

严格用党章党规党纪规范党员行为，教育引导党员模范遵守医务人员和教师职业道德规范，践行学术道德、严守纪律底线。一是深挖党群对子作用。将全科党员和非党员以党小组为基础，编组“党群对子”44个，将分院区教职员工28人和47个本科生纳入编组中，加强分院员工的凝聚力和本科生的思想教育。每季度每个对子至少开展1次谈心谈话，近两年谈心谈话2 383人次。通过经常性的谈心谈话，进一步增强党员身份意识，进一步畅通群众意见渠道，进一步形成广泛监督合力。二是坚持开展批评与自我批评。每年召开专题组织生活会开展批评与自我批评，红脸出汗成为常态。出现疑似苗头性问题且支委已进行提醒谈话的4名党员在支部范围内自我批评，认真查摆和反省问题不足。三是加强党风廉政行风建设。开展专项防控工作，组织全科医护工及轮转人员进行“医疗卫生行业九不准”“阳光药械推介”“规范微权、防治微腐败”相关廉洁培训44次，签署廉洁从业承诺书1 869份，建立员工廉洁档案。

四、组织师生有力

积极参与科室重要事项讨论决策，不断增强师生投入中心工作的动员力和实效性。全体支委委员参加科室管理小组会，参与国家临床研究中心建设、新设备申报、高值耗材管理、信息系统优化、绩效分配、人才留用、研究生招录等工作。聚焦学科发展，党政齐心带领科室获批四川省急危重症临床研究中心，建设基于信息网络的华西区域性急危重症诊疗中心，参与胸痛、卒中、创伤中心、急性上消化道出血快速通道建设。发表SCI文章73篇，中文核心期刊文章63篇，参编著作15部，获批各级课题项目39项、经费1 185.4万元。聚焦优质资源下沉，搭建华西急诊联盟，与116家单位签约开展基层帮扶，带动区域学科发展。聚焦应急体系建设，参与设计建设国家紧急医学救援综合基地，科室有12名成员参加全球首支非军方三类国际应急医疗队暨中国国际应急医疗队（四川），他们积极为支援国家自然灾害防治能力做贡献。聚焦精准扶贫，支部派出90人次前往四川马边彝族自治县、石渠县、泸定县、白玉县，西藏自治区尼玛县、那曲市、曲松县，云南镇雄县，新疆维吾尔自治区喀什等10个地区60家医疗单位参与健康帮扶工作，为基层培养医护人员700余人，让好医生拥有好技术。建立基层党建+精准扶贫的华西急诊模式获批四川大学党建特色活动。聚焦社会服务，支部选派218人次开展医疗保障、科普宣教、义诊咨询等工作，获益超千人。在“中国大学MOOC”网上开设免费急救知识慕课3门，使社会公众可随时随地获取专业急救知识技能，助力预防为主、保障健康理念的落地。

五、宣传师生有力

组织师生系统学习习近平新时代中国特色社会主义思想，引领师生听党话、跟党走，把师生思想统一到党中央决策部署上来。认真贯彻落实党的路线方针政策，及时学习传达上级党组织的决议，不折不扣抓好落实。巩固马克思主义在高校意识形态领域的指导地位，有效防止各类错误思想文化侵蚀，教育引导师生在课堂教学、论坛讲座等活动中坚持正确的政治立场、政治方向、政治原则、政治道路。注重发现、树立、宣传、推广师生身边的典型人物、典型事迹。创新性地在国际性急诊专业学术论坛暨华西急诊国际高峰论坛中设置党建人文分会场，全国30多家基层医院100余名党员共同交流探讨如何加强党建工作、推动学科发展。为增强党建影响力和声誉度，支部积极参与《基层党建的华西实践》专著撰写，在中国卫生计生思想政治工作促进会的共享e站“学做共享”栏目线上交流工作经验，发表多篇“共享笔记”并获“百优”文章。2020年新冠肺炎疫情发生后，支部第一时间联合四川教育出版社系列连载《青年战疫：4个华西急诊医疗队队员的“战”地记事》，深入报道武汉前线及科室一线抗疫实况，展现华西急诊人的医者仁心与担当，该文被“学习强国”四川平台、人民网、新华网、四川日报等主流媒体转载。支部实时跟踪主动报道身边的抗疫榜样、抗疫事迹12篇，并在医院官方网站、官方微博微信及科室官方微博微信上发布。

六、凝聚师生有力

一是教育引导支部党员、任课教师深入挖掘提炼13门课程中蕴含的思想政治教育元素，发挥“课程思政”育人功能，把社会主义核心价值观培育践行贯穿师生专业课实践教学、社会实践活动、创新创业教育、志愿服务等过程中，增强思想引领和价值观塑造的实效性。二是把思想引领贯穿到教师论文选题、医疗服务、教学改革、科研立项等工作中，引导师生遵循中国特色学术评价标准和科研评价办法。支部以申报并获批的全国公立医院党建研究课题《重大突发应急医疗救援中党员先锋模范作用的发挥研究——四川省公立医院急诊科党员在重大突发应急医疗救援中发挥先锋模范作用的多中心研究》为抓手，通过实际典型案例研究，分析组织建设机制、培养选拔机制、关怀保障机制、考核激励机制、宣传教育机制等“五大机制”对重大突发应急医疗救援中党员先锋模范作用发挥的影响程度，以及制度优势转化为治理效能和支部工作的作用发挥情况，吸引四川省60家急诊及急救指挥中心相关党支部参与课题研究，并将研究成果转化为工作实践。三是关心了解师生思想政治状况，及时回应师生重大关切的问题，积极做好教育引导工作。支部完成科室245名教师对思政教育认知情况的调查，有力地增强了学习教育成效，夯实了思政教育基础；多途径组织培训考核，提升教师育人能力；教学全过程思想引领，塑造学生的社会主义核心价值观，并用于指导实际工作。

七、服务师生有力

坚持以党支部的建设带动团支部、工会小组建设，常态化做好联系、服务师生工作。自2011年起，党支部和行政一同探索急诊新医护入科培养模式，10年来每年举行为期6周的集中课程培训+床旁实践培训+培训效果检验，创新"'我新我秀'华西急诊新住院医师、研究生及新留院医护入科培训"模式。"我新我秀"培训时长超3 500学时，受训人员343名。党支部指导工会小组和团支部落实相应职责，形成党建带群团共建工作模式。党支部积极搭建载体丰富的交流平台，建设科室文化照片墙，把党支部建设成党员之家、师生之家，增强师生员工的归属感。健全困难师生关心帮扶机制，开展退休员工"晚霞关爱"行动240人次。

科室2018年、2019年连续获中国医院专科排行榜第二名及专科科技影响力排行榜第一名，获评"全国工人先锋号"，"首届新时代四川高校十大基层党组织"，校级"巾帼建功立业"先进集体，校、院先进基层党组织。支部党员获中国医师协会急诊医师分会"急诊未来"杰出青年急诊医师、四川省新时代健康卫士、校级优秀党务工作者等荣誉称号。支部党员指导大学生获"互联网+大学生创新创业项目"全国银奖。

第二节　门诊部党支部：直面患者解困

2015年，四川大学华西医院门诊量443.6万，年增长率10%左右。门诊患者中6.5%~6.9%需进一步住院治疗，住院需求达30.6万人次，实际入院22.8万人次，仅能满足约74%的住院诉求，供需矛盾较为突出。在“两学一做”学习教育中，门诊部党支部围绕中心工作，党员带头顶住压力，直面患者困难，进一步优化门诊、入院流程，合理资源配置，患者满意度持续提升。

一、以学为基础

一是在深学上下功夫。2016年，院党委开展系列“深学笃行、书香满院”学习活动，门诊部党支部紧紧抓住这个契机，突出“深学一层，多学一本”：每位党员一份学习清单，除规定资料外，随身一本自编口袋书《“两学一做”学习教育50问》；支部书记多学一本《大道之行》，围绕家国情怀、职业素养和个人修养，使员工学而信、学而用、学而行。

二是在活学上下功夫。围绕“四讲四有”专题讨论学习，既有老专家党员带头讲党课，也有“90后”党员点滴分享；生动活泼地开展“我是谁、为了谁”主题演讲比赛；组织党员模拟体验“患者就医感受”，清新朴实接地气地开展“凝心聚力改善患者就医体验”专题组织生活，党员不禁感叹党课还能这样学，满满都是获得感。

三是在真学上下功夫。支部党员自学党章、准则条例、《大道之行》《习近平总书记系列重要讲话读本》，观看纪录片《苦难辉煌》等，不设题库，随机选员参加院党委建党95周年以“知识竞答感怀峥嵘岁月，凝聚力量共筑复兴之路”为主题的知识竞答，“飞行”检验学习效果。

二、以做为关键

一是日常工作显得出。支部以做为关键，突出实在干。以“党员就是一面旗帜”为主线，把“两学一做”学习教育与推动门诊中心工作有机结合，遴选3名普通党员作为代言人，结合医教研管工作实际，做出庄严承诺，用身边人、身边事做好正面引领。

二是关键时刻冲得出。“进一步改善医疗服务行动计划”是国家卫生计生委从2015—2017年重点关注的中心工作之一。以问题为导向，以改善人民群众看病就医感受为出发点，围绕人民群众看病就医反映比较突出的医疗服务问题，大力推进深化改革和改善服务，通过改善环境、优化流程、提升质量、保障安全、促进沟通、建立机制等措施，进一步改善医疗服务。门诊是患者就医的窗口，“两学一做”关键在做，党员干部带头，支部采取多种方式，缓解患者看病难、入院难的问题。

1.综合预约，挂号不出门

推出现场预约、电话114平台、银医合作BST自助预约、微信及手机APP预约、自助机预约、出院病人病房复诊预约、诊区护士站复诊预约等10余种综合预约挂号方式，让病人挂号不出门。

2.分层设诊，来了就能看

除便民门诊进行普通检查开单，专科门诊进行专科疑难疾病诊治外，开设通科门诊11个，进行疾病初诊、专科检查开单及门特开药等，累计服务患者90万人次，保证病人来了就能看；开设专病多学科联合门诊17个，服务于需要多科合作诊治的疑难重症患者，专人负责组织协调，有效缓解了患者就诊辗转、耗时的情况。坚持以病情为导向的疑难会诊门诊，为复杂疑难病例病人提交资料审查后提供一站预约；开通重大阳性检查结果及重大疾病就诊快捷通道，设专人帮助患者预约相关检查和专家，协助解决入院事宜，服务患者。

3. 党员带头，破解入院瓶颈

（1）处处留心、改进流程。党员带头找准问题，发现前台接待窗口负责的科室与后台签床排程负责科室不一致减缓了入院服务运行效率。以问题为导向，建立整合分组运行模式，实现前台接待窗口与签床排程的管理员保持一致，降低沟通时间成本，提升了整体运行效率，从而进一步实现组内无缝对接。

（2）直面问题、勇于担当。一床难求如何解？党员团队给出答案。加强计划出院管理，提高临床医疗护理工作安排的计划性，缩短平均住院日，提高床位周转率等（图5-1）。党员带头顶住压力，着力推动候床时间公示制度。采用电子显示屏、医生工作站、手机APP等渠道全面公示预计候床时间及医生动态，患者及家属通过手机APP、电话咨询、窗口咨询、电子显示屏查看等方式了解候床信息。医生可通过手机APP医生端、门诊工作站查看预计候床时间及等候病人数，并综合疾病的复杂、疑难、严重程度等因素选择相适应的入院原则与排程等候规则。危重症患者如何优先就医？支部组织模拟患者就医体验，换位思考痛点难点，建立健全了《四川大学华西医院住院患者转科/转院流程与操作细则》《门诊急重症患者入院优先处理流程与管理办法》等规范性制度，对门诊急重症患者、院内转科患者、双向转诊患者、远程会诊等各种流程进行了规范与优化，保证了危急重症患者优先获得所需

图5-1　入院服务中心统筹全院床位资源

的医疗资源。急诊患者如何急？根据急诊待入院患者入院难的数据监测，联合院内相关职能部门制定《四川大学华西医院关于急诊入院收治相关规定的通知》，对急诊待入院患者收治的床位资源调配、入院流程、操作细则等进行了规范和优化，改变床位统筹分配流程，急诊待入院患者入院难的问题得到了明显缓解，当天待入院患者的峰值保持在70~75人，下降约30%。

4.前瞻思考、做好表率

党员带头深挖“华医通”（APP）潜能，患者可随时随地通过手机自助阅读入院服务指南、自助登记、自助候床信息查询、自助打印签床单等，增进医患沟通，进一步改善患者就医体验。一则“来华西办理住院手续，手机上就可以搞定”的微信火遍了网络，仅一周的下载量达30万人次。

5.分级协同、区域联动

门诊部设立双向转诊办公室，尽量让病人就医“四不”：不重复，区域病人“一卡通”挂号，就诊病人诊疗记录，医疗机构共享避免重复检查；不跑路，华西和基层医院医生实现桌面对桌面视频门诊（网络联合门诊），以最便捷的方式帮助下级医院和病人，让病人不跑冤枉路；不出县，常见病、多发病在县级医院快速诊治；不耽误，下级医院解决不了的疑难病人通过绿色通道快速转诊到华西，降低病人就医难度和国家支付的总体费用。

三、成效及经验

在“两学一做”学习教育中，门诊部党支部紧扣中心工作，直面患者解难，突出关键在做，牵头的项目“‘互联网’更人性化门诊预约挂号服务”“‘三位一体’的门诊疑难重症诊疗平台构建”“从外循环到内循环破解出入院困局”获2016年国家卫生计生委改善医疗服务行动计划第二季全国擂台赛十大人气案例与十大价值案例。更重要的是，患者关注的问题得到了有效缓解。2016年上半年第三方调查结果显示，患者对入院服务的满意度达92.1%，同比增长8.8个百分点。改善医疗服务永远在路上，患者就医体验提升将是门诊支部“两学一做”继续前行的动力与支撑。

（该节内容来源于门诊部党支部工作案例《直面患者解难，“两学一做”落在实处》，该案例被评为全国高校“两学一做”支部风采展示工作案例类10个教工支部精品作品之一。）

第三节　上锦机关后勤党支部：标准化规范化建设

认真开展党支部标准化规范化建设工作，是推动基层党组织全面进步、全面过硬的有效载体，也是推动全面从严治党向基层延伸的必要手段。

2012年，上锦机关后勤党支部伴随着四川大学华西医院第一个托管医院而成立。支部设支委5名、党小组5个；党员平均年龄33岁，包含临床、护理、医技以及行政管理、后勤保障等各种岗位。上锦机关后勤党支部既是一支朝气蓬勃的“青年军”，也是奋战在医院各条战线上的“主力军”。围绕党支部工作“干什么、怎么干、怎样干得好”三个问题，从标准化规范化建设入手，突出务实管用，切实增强党支部政治功能和组织力。

一、工作制度体系化

一是健全关键制度。党支部认真学习和梳理各类制度，精炼形成以目标任务、过程控制、考核评价等为核心的制度体系，实现层级管理、逐级负责。二是强化刚性执行。从工作职责、工作制度和工作流程三个维度推动工作落地，制定了符合实际的、操作性强的工作手册。手册细化分解年度目标，建立工作任务台账，明确责任人、完成时限和验收指标。三是前瞻探索创新。在调研摸底的基础上，制定《上锦机关后勤党支部党员考核制度》，尝试分解量化考核党员标准，从五个维度建立考核指标，以此建立党员积分制管理，促进党员先锋模范作用的发挥（图5–2~图5–4）。

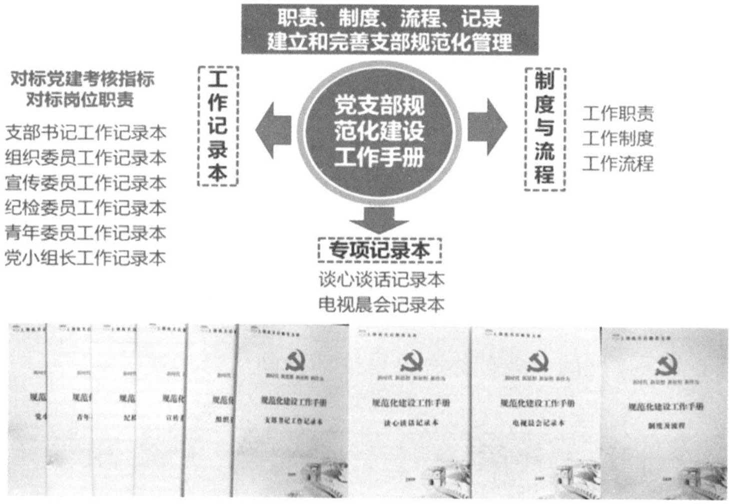

图5–2 上锦、机关后勤党支部规范化建设工作手册

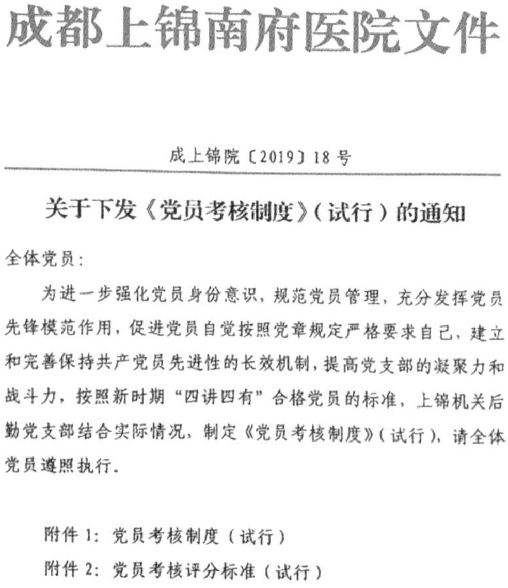

成都上锦南府医院文件

成上锦院〔2019〕18号

关于下发《党员考核制度》（试行）的通知

全体党员：

为进一步强化党员身份意识，规范党员管理，充分发挥党员先锋模范作用，促进党员自觉按照党章规定严格要求自己，建立和完善保持共产党员先进性的长效机制，提高党支部的凝聚力和战斗力，按照新时期“四讲四有”合格党员的标准，上锦机关后勤党支部结合实际情况，制定《党员考核制度》（试行），请全体党员遵照执行。

附件1：党员考核制度（试行）

附件2：党员考核评分标准（试行）

图5–3 上锦机关后勤党支部党员考核制度

上锦机关后勤党支部2020年党员考核情况汇总表

序号	胸牌号	性别	科室	岗位/职务	正式/预备	所在党小组	自评得分			党小组评议				支部评议
							基础分	加分	合计	基础分	加分	合计	民主评议结果	党员考核成绩
1	6473	女	院长办公室	支部书记/副院长	正式	行政后勤党小组	90	11	101	90	11	101	优秀	101
2	6465	女	党务办公室	主任	正式	行政后勤党小组	90	2	92	90	11	101	优秀	101
3	8061	女	组干科	科长	正式	行政后勤党小组	90	9	99	90	9	99	优秀	99
4	1006	女	护理部	主任	正式	行政后勤党小组	90	6	96	90	6	96	优秀	96
5	SJ1452	男	眼科	医师	正式	门急诊医技党小组	90	6	96	90	6	96	优秀	96
6	SJ1145	男	纪监审	科长	正式	行政后勤党小组	90	4.5	94.5	90	5.5	95.5	合格	95.5
7	SJ1742	男	党务办公室	行政人员	正式	行政后勤党小组	90	3	93	90	4	94	优秀	94
8	10727	男	后勤保障部	部长	正式	行政后勤党小组	90	0	90	90	3	93	优秀	93
9	6471	男	院长办公室	主任	正式	行政后勤党小组	90	3	93	90	3	93	优秀	93
10	SJ1292	女	护理部	行政人员	正式	行政后勤党小组	90	0	90	90	3	93	合格	93
11	SJ1891	男	心脏综合	医师	正式	内科党小组	90	3	93	90	3	93	优秀	93
12	SJ1230	男	神外二	护士	正式	外科党小组	80	14	94	90	3	93	优秀	93
13	10322	男	医务部	部长	正式	行政后勤党小组	90	0	90	90	1	91	优秀	91
14	PJ00160	男	运维安保科	科长	正式	行政后勤党小组	90	1	91	90	1	91	合格	91
15	SJ1447	男	运维安保科	副科长	正式	行政后勤党小组	90	0	90	90	1	91	合格	91
16	SJ1142	女	妇科	护士	正式	外科党小组	87	4	91	87	4	91	优秀	91

图5-4　2020年度上锦机关后勤党支部党员考核情况

二、党员教育精彩化

坚持政治引领，筑牢思想根基。一是抓实“三会一课”。精心组织会议内容，规范会议签到和记录。每名党员配置统一设计的共产党员学习笔记，记录日常学习心得体会。二是创新主题党日。把主题党日与业务工作开展结合起来，如打造健康快车社会服务品牌；系列开展“最美医生、最美护士、最美病房”等评选活动；围绕庆祝中华人民共和国成立100周年活动，开展“线上重走长征路、传承红色基因”和“学党史、践初心、担使命”系列主题活动，引导党员鼓足干劲、开拓进取、扎实工作。三是丰富活动载体。制定《上锦机关后勤党支部政治生日活动方案》，将“党员示范岗”作为一份生日礼物和责任传递给每位过生日的党员，强化党员身份意识。制定《志愿服务实施方案》和《志愿服务手册》，营造志愿服务文化氛围。招募志愿者150余名，组建了导医服务队、专业技术服务队、特色服务队、行政类志愿服务队，搭建了华西健康大讲堂、院内服务驿站等平台，参与志愿服务2 770人次，服务小时数达7 447.5小时，服务113 105人次。充分运用党员微信群等新媒体平台，开展“每日一学”专题学习，每名党员轮值，将自己学习的心得体会与团队分享，加强了党员之间的有效沟通，实现党员学习的常态化。

图5-5　健康快车进社区、进企业、进学校

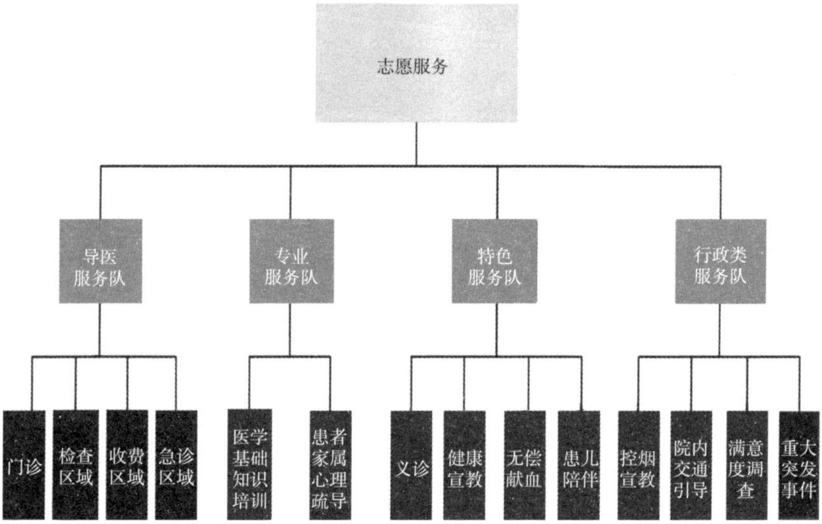

图5-6　志愿服务组织体系

三、管理服务精细化

一是管理党员力求精准。建立党员基础信息数据库，完善入党申请人、入党积极分子、发展对象、党员、党费收缴等基础资料。针对上锦分院业务重、人员多、层次多样、结构复杂、思想多元等工作特点，对党员实行分类管理。二是服务员工上力求精细。常态化看望慰问生病住院和生活困难职工，结合分院实际制定《困难职工帮扶管理办法》。常态化开展谈心谈话，密切关注职工思想动态和工作情况，对新申请入党的人员、工作遇到困难的人员、出现问题状况的人员及时进行干预谈话，帮助解决困难。支部定期听取工会大组和团总支工作汇报，指导上锦工会大组成立了健身操、羽毛球、游泳、篮球、足球、文艺写作、瑜伽、公益活动8个兴趣小组，组织开展“唱响青春的旋律”“上锦之星才艺秀”“快乐运动，守护健康，激扬青春”等文化活动，引导员工健康生活，增强员工归属感。三是聚力大局上力求实效。在医院业务发展、创建“三甲”、人才培养等工作中，充分发挥党支部战斗堡垒作用和党员先锋模范作用。2021年4月2日，根据四川省卫生健康委员会《关于公布2020年新晋等级医院评审结果的通知》，上锦分院正式被评为国家三级甲等综合医院。开业以来分院累计服务门急诊患者345.55万人次、出院患者27.66万人次、手术15.01万台次。外科三四级手术比率高于80%，内科接收了许多从周边和社区转诊的疑难复杂患者，大大增强了区域内优质医疗资源的辐射能力，惠泽周边区县百万人口，为高新区、郫都区、都江堰市、彭州市、新都区乃至汶川县等地群众就医提供了强有力的支撑保障。

四、党风廉政从严化

一是开展多形式的廉洁教育。通过集中学习、个人学习和院区氛围营造等多种形式，组织支部全体党员开展党风廉政和行业作风常态化教育，形成入脑、入耳、入心，讲到、看到、听到“三入三到”的廉政氛围。二是强化对“三重一大”事项民主决策制度落实情况的监控。切实盯紧把牢人员招聘、设备耗材、药品管理、财务资金等廉政风险防控点，强化对职能部门、关键岗位、敏感岗位权力的监督和制约，编制覆盖8个部门128项职权目录，对170个廉洁风险点进行了风险评级。三是坚定不移全面从严治党。严格落实党风廉政建设“两个责任”，层层压实责任。重点抓好制度落实，充分发挥制度建设的治本作用。强化党内监督，深化作风建设，推进标本兼治，严厉惩治腐败，坚定不移把全面从严要求贯彻到管党治党、办学办院全过程。四是持续深入做好患者满意度调查和医德考评工作，提升医疗服务水平。建立健全作风建设长效机制，严格执行中央八项规定精神，持之以恒正风肃纪，以优良的党风促行业作风建设。五是完善管党治党问责机制，对不履行或不正确履行全面从严治党责任的，坚决进行责任追究，用强有力的问责倒逼管党治党，办学办院主体责任落实到位，在新的起点上推动分院全面从严治党向纵深发展。

喊破嗓子，不如做出样子。上锦机关后勤党支部成立9年来，先后荣获“四川大学先进基层党组织”称号1次，荣获“华西医院先进基层党组织”称号3次；连续5年院内党建考核“优秀”。支部党建工作取得了扎实成效，赢得患者、员工和学生的高度认可。

第四节　血液内科党支部：吸铁石型党支部

血液内科党支部委员会和科室管理小组高度重视党建工作，班子牢固树立抓党建就是抓发展，抓好党建促发展的责任意识。支部坚持一手抓理论学习和教育监督，一手抓能力培养和先锋模范作用发挥。

一、制度规矩常态化，科室管理民主化

科室具有制度规章常态化和科室管理民主化的好传统。科室管理小组会议是科室业务议事决策会议，传达学习、贯彻落实上级单位和医院的重要工作安排和重要文件、会议精神，并结合科室实际，提出贯彻执行的意见和具体措施；研究、决定和部署科室重要改革、发展建设和学科建设等规划，以及年度工作计划及完成情况等；讨论决定科室内部组织结构、人员岗位的设置和调整，评先评优及奖励、绩效薪酬分配等关系职工权益的事项；讨论决定提升科室医疗质量和安全、改善医疗服务质量和效率的举措，医疗纠纷预防与处置、职业精神与医德医风建设等；讨论研究决定人才培养、留院和引进，本科生、研究生、规培学员、进修生等各类学生的教育教学，人才梯队建设，管理后备人才选拔、培养、考核，因公出国（境）人员选派等人才培养相关事项；讨论决定各类交流合作项

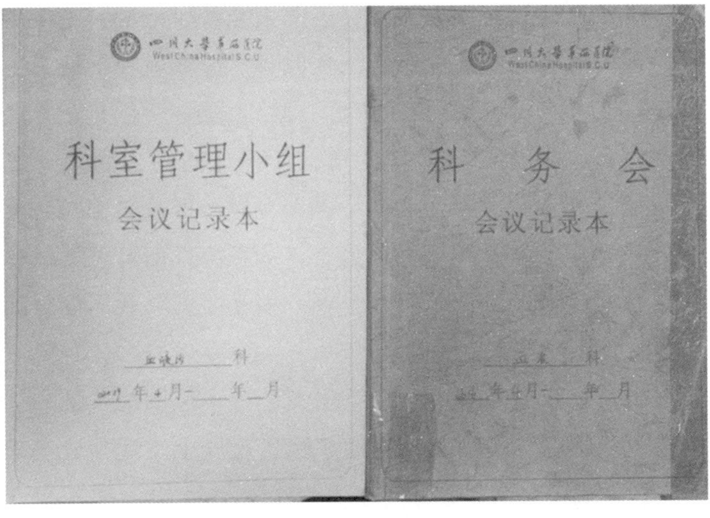

图5-7　四川大学华西医院科室管理小组和科务会记录本

目，讨论大型医疗设备、大宗医用耗材、器械物资采购和购买服务等，讨论GCP项目、各类科研项目开展等；讨论决定科室年度财务预算方案、预算执行情况的审定，科室重要资产的处置、重要资源的配置等；讨论研究科室医疗、教学、科研、管理等工作中存在的主要问题并提出解决措施，讨论决定工作流程优化改造，制定相关规章制度等。凡是科室管理小组讨论的内容都记录在科室管理小组会议记录本和科务会会议记录本中，如科室分析讨论医生集团的人员现状和纳入标准；外派学科主任的考核评价；SCI经费的使用与分配；公开科室月奖酬金的发放规则，若遇争议则科室管理小组讨论决定。

二、思想教育不放松，组织生活有收获

一是善于建好阵地。坚持学术研究无禁区、课堂讲授有纪律，划定课堂教学意识形态安全底线和红线，严格执行教师教学考核、教学过程督导制度。构建科室新媒体平台，借鉴、互动、引领个人微信、微博、视频等自媒体平台，挖掘正能量，把握舆论主导权，把师生的积极性、创造性引导到深化改革、健康发展的轨道上来。二是善于学习引领。关注大势解读、政策把握、主流价值观的宣扬，定期进行理论或行业政策的解读，强化思想引领。党支部从2016年开始定制手机网课“两学一做”专题，区分必修与选修，公开积极分子排名表和党课竞赛排名表，从系统里面可见党员学习时间基本在周末和晚上，营造你追我赶、相互监督、共同提升的学习氛围（图5-8）。善于运用支部结对法，邀请全国知名专家开展线上党课，如与天津血液研究所、兰州大学等单位围绕长征、学科发展、血液专业年轻党员培养等问题积极进行线上交流讨论。三是善于服务学科。科室医疗、教学、科研指标持续上升。如2020年“血液与免疫系统疾病”达到学校同期课程评价高分。针对科室“一床难求”的现实，在清晰收治规则和监督机制的基础上，做实网络科

室和血液专科联盟。成立淋巴瘤临床协作联盟和自体造血干细胞移植协作组推动紧密型医联体工作落地。四是善于保驾护航。持续抓好师德师风、教风学风和医德医风建设，清单明责对照落实。血液科是用药大户，在“药械阳光推介”专项工作中使用交流的活动登记本，把专人预约、逐项内容、演示PPT全部留档。讲者一定是科室医生或其他医务人员、临床试验一线设计人员等。五是善于团结引领。支部有明确的统战工作责任人，科室管理小组中有民建华西支部的主任委员。注重邀请民主党派参与科室重要工作会议、重要政策讨论等工作，鼓励其在科室规划、年度计划、“三重一大”、党的重要活动等方面积极建言献策。六是善于关爱员工。如针对家长经常“头痛”的孩子奥数问题，支部专门建立了一个小学数学兴趣小组，利用工作之余积极讨论奥数题，然后归纳解题思路，相互借鉴并提升辅导孩子作业质效，缓解家长们的焦虑情绪。

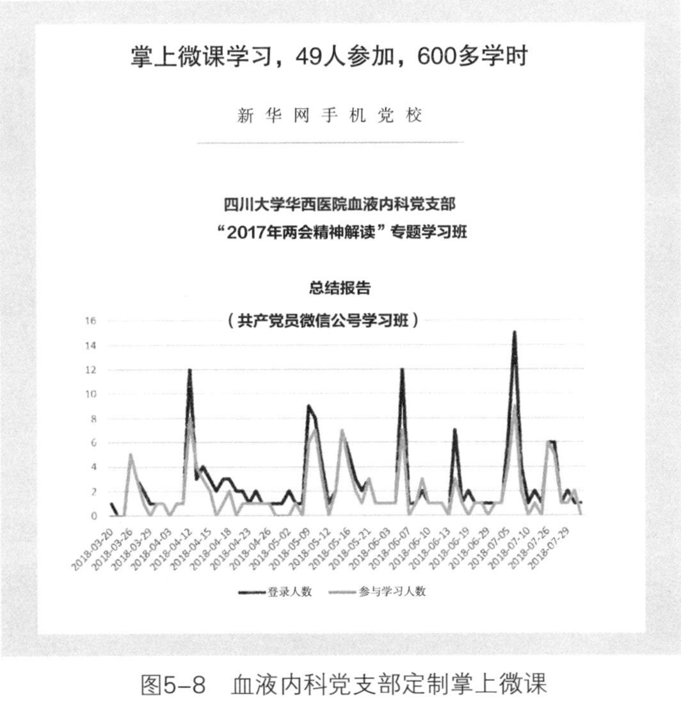

图5–8　血液内科党支部定制掌上微课

三、党员发挥先锋模范作用，营造团结奉献科室文化

支部工作众人拾柴火焰高，因此人人有工作，人人有贡献。日常工作看得出，危难关头豁得出。在疫情防控、健康扶贫、基层下乡等工作中，党员处处带头走在前面。科室扶前携后，积极营造团结奋斗的科室文化，务求“目标同向、责任同担、工作同步、协作同心”。

血液内科党支部的目标一直是建成一个吸铁石一样的党支部，是一个政治思想坚定的党支部，是一个助力学科发展的党支部，是一个团结奉献、温馨有爱的党支部，党支部建设永远在路上。

（该节内容来源于血液内科党支部院内党支部书记工作交流整理修改。）

第五节　人力资源部党支部和信息中心党支部：聚力“五个角度”，筑牢“五大支撑”

2020年在新冠肺炎疫情防控的严峻斗争中，人力资源部党支部和信息中心党支部聚力“五个角度”，筑牢“五大支撑”，坚决打赢疫情防控阻击战。

一、聚力“思想角度”，筑牢“信念支撑”

党支部深入学习贯彻落实习近平总书记关于疫情防控的重要讲话和指示批示精神，在政治立场、政治方向、政治原则、政治道路上，时时处处同党中央保持高度一致，与习近平总书记的要求保持高度一致，与医院的站位和担当保持高度一致。及时部署上级的各项决策，第一时间传达学习，第一时间研究谋划，第一时间贯彻落实。要求全体党

员以身作则，为部门员工树立标杆、做出表率。

二、聚力“智能角度”，筑牢“技术支撑”

信息中心党员带头，通宵奋战，快速实现新冠诊治区域和全省定点医疗机构的5G全面覆盖，全力保障高速、畅通的信息流转。借助该平台，实现与抗疫前线5G远程会诊、5G远程操纵CT进行扫描、5G远程会议等70余场，会诊患者400人次。积极配合应急救援队、急诊科，配合应急帐篷搭建和发热门诊改造，完成网络设置、流程改造和设备安装，新增设备数十台，实现了发热病人与普通病人诊断的物理隔绝。

连夜完成来院患者流调筛查程序设计和开发，筛查上百万人次；设计开发陪伴患者的电子陪伴证，有效实施专人专证陪护患者，杜绝“人传人”的隐患，确保患者利益和安全。设计传染病房信息化改造方案，连夜实施全面无线网络覆盖查房系统和视频监控系统的建设调试，确保后续收治病人诊疗过程中的全面信息化（图5–9）。

组织互联网医院团队先后开通了抗冠免费咨询、省市门特患者线上续方、在线问诊、自助便民等功能，700余名医生提供在线诊疗服务超10万人次，配送药品2万余单，极大地方便了就诊病人。

图5–9　信息中心团队连夜改造传染病房信息系统

三、聚力“温情角度”，筑牢“关怀支撑”

无微不至地关怀职工，做到用心、用情、用力，确保有温度、有力度、有厚度，给予全体职工及家属“全身心的爱”。2020年2月6日，医院组织召开“关于全院做好新型冠状病毒疫情期间员工防控工作相关管理工作布置会”，会后院内人事系统开通员工及家属“新冠肺炎”防控登记模块，收集员工相关信息，排查员工及家属健康异动情况，建立每日报送和重点人员一对一联系机制，确保适时掌握人员健康动态并形成长效机制。在急诊科建立绿色通道，负责职工健康异动筛查并持续追踪评估。

整理国家、省、市关于疫情防控相关工作政策，拟定新冠肺炎疫情防控救治人员临时性工作补助方案，落实、兑现临时性工作补助及抗疫一线人员相关待遇。

2020年3月20—23日，组织援外医疗队队员参加新冠肺炎疫情防治相关知识专题培训，从院感管理、诊疗方案、实际操作、外事礼仪到纪律、医学英语等方面，组织专业培训988人次，做到人人考核过关。了解到非洲疫情紧急、物资匮乏的情况，4月3日，专门为两支援非医疗队寄送新冠疫情防护物资。关心关爱援非队员配偶，及时了解家庭实际困难，解决援非队员后顾之忧（图5-10）。

图5-10 援外医疗队队员参加专业知识培训

四、聚力“国际角度”，提供“远程支撑”

新冠肺炎疫情暴发后，人力资源部党支部在积极指导两支援非医疗队队员做好自身防控的同时，协助医疗队深入参与当地抗疫工作，帮助非洲地区制定防控方案。依托华西医院捐赠的国际远程会诊平台诊治患者，举办讲座和演练20余次，指导中国企业和华侨、华人做好防控，并与马普托中心医院、艾瑞斯·德·梅内泽国家中心医院先后举办远程经验分享会9次，为两院300余名不同专业医护人员进行了培训，交流探讨新冠疫情防控、诊断和治疗等方面的问题。

2020年4月3日，由人力资源部党支部牵头，顺利完成华西医院和莫桑比克马普托中心医院举行的新冠肺炎疫情防控国际远程培训，中央广播电视总台国际频道等8家新闻媒体进行宣传报道。4月17日《求是》杂志（2020年8期）刊发的国家卫生健康委主任马晓伟的文章《深化抗击疫情国际合作，共筑人类卫生健康共同体》中，选用了华西医院国际远程培训的照片（图5–11）。4月30日，应中国驻莫桑比克大使馆邀请，华西医院抗疫专家和中国驻莫桑比克大使馆、在莫中资企业负责人等开展了新冠肺炎疫情国际培训与交流。

图5–11　国家卫生健康委主任马晓伟《求是》杂志发表的文章中选用了国际远程培训的照片

由于华西医院两支医疗队积极参与非洲地区卫生援助和国际抗疫合作，增进了中非友谊，为构建更加紧密的中非卫生健康共同体做出了新的贡献，得到了非洲地区国家的高度评价。中国驻莫桑比克使馆电告国家卫生健康委、外交部、商务部、国际发展合作署，转达了莫桑比克马普托中心医院的感谢信。信中对中国援莫桑比克第22批医疗队和华西医院在帮助莫桑比克应对新冠肺炎疫情工作方面提供的帮助表示感谢。

五、聚力“支部角度”，提供“组织支撑”

一是邀请抗疫英雄参加支部组织生活。特别邀请援鄂英雄分享“心有光就有希望”的武汉抗疫故事。激励党员同志们以先进为榜样，在疫情防控中要有担当作为。二是召开“三地一会”联合组织生活。2020年4月26日，人力资源部党支部、信息中心党支部与援莫桑比克、援圣普两支医疗队临时党支部举行“三地一会”联合组织生活，邀请医院感染管理部党支部书记培训新冠肺炎防控相关知识，心理卫生专家根据心理测评结果为援非医疗队队员提供有针对性的心理疏导。会后，两位援非队长表示，“三地一会”组织生活形式非常成功，通过网络“面对面”交流互动，让医疗队员感受到医院常态化的关心和支持，增强了医疗队抗疫的信心和动力，一定不辜负祖国和医院的重托，牢记使命，为当地抗击新冠肺炎疫情奉献力量！三是全员行动，责任担当。在疫情防控中支部党员用行动践行入党初心与誓言。全员参与志愿者服务，协助门诊、住院部等管控人员进出，降低院内交叉感染风险。3名同志荣获院内新冠肺炎疫情防控先进个人。

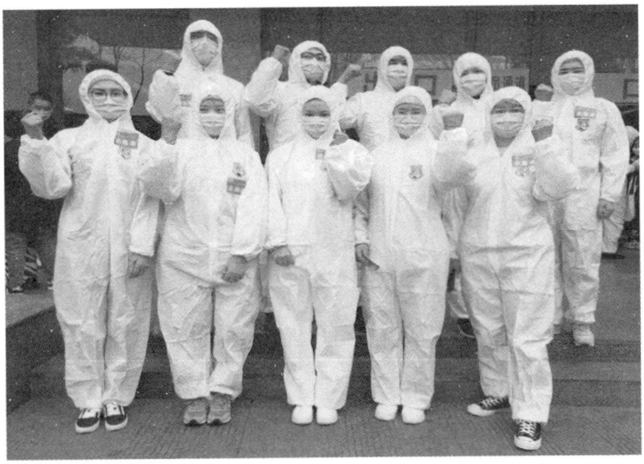

图5-12 支部党员众志成城抗击疫情

（原始稿件来源于人力资源部党支部和信息中心党支部，2020年12月23日发表于四川大学华西医院院内“学而时习”平台。本书就稿件内容做了部分修改。）

第六节 机关党总支

机关党总支现有在职教职工党支部10个，离退休党支部5个，党员673人。机关党总支始终坚持以习近平新时代中国特色社会主义思想为指导，深入贯彻落实上级决策部署，认真履行党建工作职责，在自觉践行初心使命中把准方向，在全力应对大战大考中强化责任，以高质量党建助力医院高质量发展。

一、强化政治统领，擦亮忠诚底色

坚持旗帜鲜明讲政治，加强政治建设、提高政治能力、强化政治担当，不断提高政治判断力、政治领悟力、政治执行力。在庆祝中华人民共和国成立70周年、四川大学124周年暨华西医学110周年庆祝等大事喜事中，在援疆、援藏、对口支援、应急任务等难事险事中，在校院综合改革，推动医疗、教学、科研、管理，学科建设、分院工作、院区稳定等中心任务和各项工作中，总支发挥战斗堡垒作用，党员骨干带头走在前，师生员工立场坚定，展示了良好的思想政治素质和精神风貌。如在汶川、玉树、芦山、九寨沟地震等抗震救灾重大应急突发任务中，坚持加强政治引领、扛起政治责任。2020年新冠肺炎疫情发生以来，总支开展《向内生长，向外绽放》主题教育，集中力量讲好抗疫故事（图5–13），与赴阿塞拜疆医疗队临时党支部开展“大爱无疆，党旗飘扬”联合组织生活，集中智慧贡献中国经验（图5–14），率先在全院发出倡议并组织义务献血活动，在职教职工党员全部参与志愿者“服务”工作，离退休党支部书记和党支部委员积极参与疫情防控工作。从90后党员的无畏前行，到90多岁无法出门的老党员委托孙女来院捐款，“医无私、护无畏、管齐心”，党员干部带头，党员纷纷请缨，让红色旗帜在疫情防控第一线高高飘扬。机关党总支共有20余人次获评院级及以上奖励。

图5–13　疫情期间机关党总支开展线上主题教育

图5-14　机关党总支与赴阿塞拜疆抗疫医疗专家组临时党支部召开联合组织生活会

二、党建业务融合，擦亮为民底色

坚持党建与业务同筹划、同部署、同实施、同考核，保障支部在部门“三重一大”决策中的重要作用，切实履行围绕中心参与统筹规划、组织发动、建设团队、培育文化、改进作风、凝心聚力的任务与职责。院办、医务、护理、院感、信息、上锦党支部深化运用医改攻坚“支部联动工作法”，科学化、精益化、智慧化地进一步改善医疗服务，不断增强人民群众就医获得感。党群、人事、运管党支部深化运用健康扶贫“支部结对共建法”，结对帮扶到心上点上根上。总支集中资源支撑精准扶贫，为石渠县乡镇小学捐书1 522本（图5-15），为马边县医院培训管理人才，真情关爱扶贫干部及家人健康（图5-16）。与昭觉县跳坝村签署结对共建五年工作方案，主动担当全程兜底乡村振兴帮扶工作。坚持以人民健康为中心，在提高医院治理能力和完善治理体系上下功夫，以高质量党建工作引领高质量发展：获评“卓越医疗服务绩效奖”“高水平医疗质量奖”“亚洲医院管理奖护理卓越奖”“中国十佳感控团队”“四川省脱贫攻坚先进集体”等奖项。

图5-15 机关党总支为石渠县长沙干玛乡小学生捐赠书籍

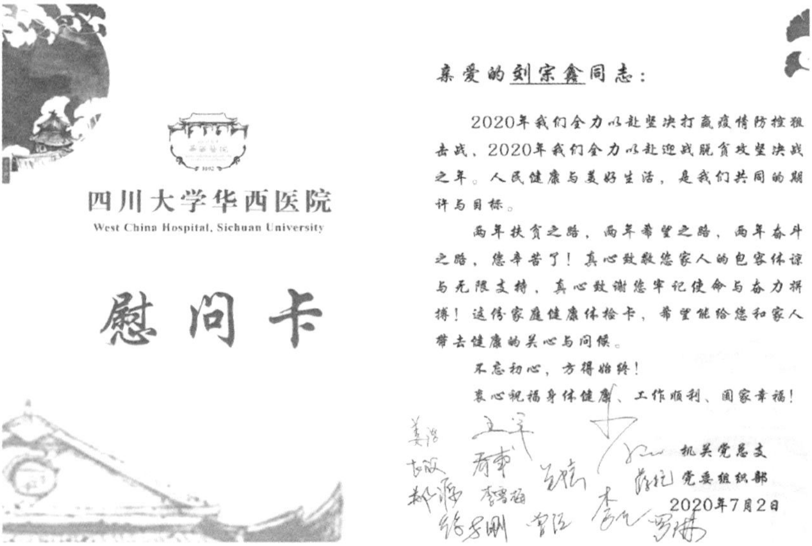

四川大学华西医院

West China Hospital, Sichuan University

慰问卡

亲爱的刘宗鑫同志：

2020年我们全力以赴坚决打赢疫情防控狙击战、2020年我们全力以赴迎战脱贫攻坚决战之年。人民健康与美好生活，是我们共同的期许与目标。

两年扶贫之路，两年希望之路，两年奋斗之路，您辛苦了！真心致敬您家人的包容体谅与无限支持，真心致谢您牢记使命与奋力拼搏！这份家庭健康体检卡，希望能给您和家人带去健康的关心与问候。

不忘初心，方得始终！

衷心祝福身体健康、工作顺利、阖家幸福！

机关党总支

党委组织部

2020年7月2日

图5-16 机关党总支每年关爱扶贫干部及家人健康

三、激发团队活力，擦亮创新底色

以提升党的组织力为重点，认真推进党支部标准化规范化建设，切实发挥党支部和党员作用。严肃党内政治生活，既规范开展，又大力推进组织生活会与形势任务、学科建设、人才培养、病人服务、团队治理能力等中心工作紧密结合，与广大党员的思想、学习和工作实际紧密结合。改进职工政治学习与思想教育的方式方法，选准与职工切身利益相关的职称、进编、晋升、出国、奖酬分配等政策学习与分析，使部门有兴趣、支部有兴趣、党员有兴趣。集中组织学习党的十九大精神，集思广益谋划十四五发展。以党内主题教育为抓手，营造见贤思齐的氛围，使责任扛起来、立场硬起来、纪律严起来。为庆祝中国共产党成立100周年，认真学习党史汲取力量，增强机关党总支党员干部的凝聚力、战斗力，同时增进与民族地区医疗卫生事业的交流和帮扶，2021年4月机关党总支专门组织“重走长征路，奋进新时代”党性教育专题培训班（图5–17）。每年坚持以喜闻乐见的方式组织爱国主义教育1 500余人次，带领群团丰富健康生活（图5–18）。党群、院办注重思想引领，打造“思政直通车”“院史宣讲小分队”等特色品牌；人事、信息、上锦注重服务引领，打造“三地一会”“健康快车”等示范品牌；医务、护理、院感、运管注重业务引领，打造“党建+联盟”“做新时代护理人”等多元品牌。总支先后涌现出南丁格尔奖章、全国文化科技卫生“三下乡”先进个人、四川省医药卫生系统创先争优活动指导工作先进个人、四川省高等学校党的建设和思想政治工作先进工作者、四川省五一劳动奖章等先进典型100余人次。

图5-17　机关党总支在泸定开展“重走长征路，奋进新时代”主题教育活动

图5-18　机关党总支开展爱国主义教育活动

四、全面从严治党，擦亮清廉底色

紧紧抓住全面从严治党主体责任这个“牛鼻子”，形成工作闭环。一是全面落实党建目标责任制，强化“抓党建就是抓发展，抓好党建就是最大政绩”的意识，系列培训党务骨干，让其有位度、有压力、有能力抓好党建工作。二是全面落实意识形态责任制，坚持和巩固马克思主义在意识形态领域的指导地位，针对不同层次的人员思想，做

好释疑解惑、排困疏导的工作，用马克思主义理论引导多样化的员工思想，影响人、培养人，使人真懂、真信仰；把握新形势下意识形态领域的动向与趋势，在大是大非面前，提倡什么、允许什么、限制什么、反对什么,旗帜鲜明，把员工的积极性、创造性引导到深化改革、健康发展的轨道上来；充分依靠机关工会大组和机关团总支的力量，差异化联系不同群体，构建枢纽型自组织，化解基层矛盾，形成共识、促进发展、实现党的有效引领。三是全面落实党风廉政建设主体责任，总支、部（处）、支部按照责任清单认真履职，落地“一岗双责”。扎实抓好党性党风党纪经常性教育，形成入脑、入耳、入心，讲到、看到、听到“三入三到”的廉政氛围。通过巡察整改、专项治理、主题教育等强化纪律意识，推动责任落实，把增强“四个意识”、坚定“四个自信”、做到“两个维护”落实到实际行动上。

在迎接中国共产党成立100周年之际，机关党总支将扎实开展党史学习教育，把“我为群众办实事”实践活动转化为“办实事、开新局”的思路举措，激励党员在新时代有新担当、新作为，在服务和融入医院新发展格局上展现更大作为。

第六章

公立医院党支部建设实用指南

本章根据十九大修订的党章及最新的党规党纪和上级政策文件，从党支部的职责开始，对党支部的日常工作进行梳理。系统总结四川大学华西医院党支部建设工作实务经验，具体回答党支部做好每一项工作的主要内容和方式方法。采用图文结合的形式，力图使公立医院党支部工作的重点和流程更加清晰。此外，本章附录还介绍了党支部常用的一些文书格式，为党务工作者提供参考。

第一节　党支部的职责和任务

一、党支部的职责

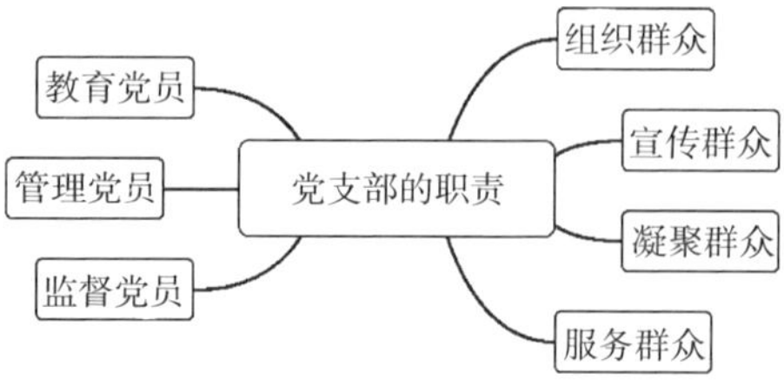

图6-1　党支部的职责

二、党支部的工作原则

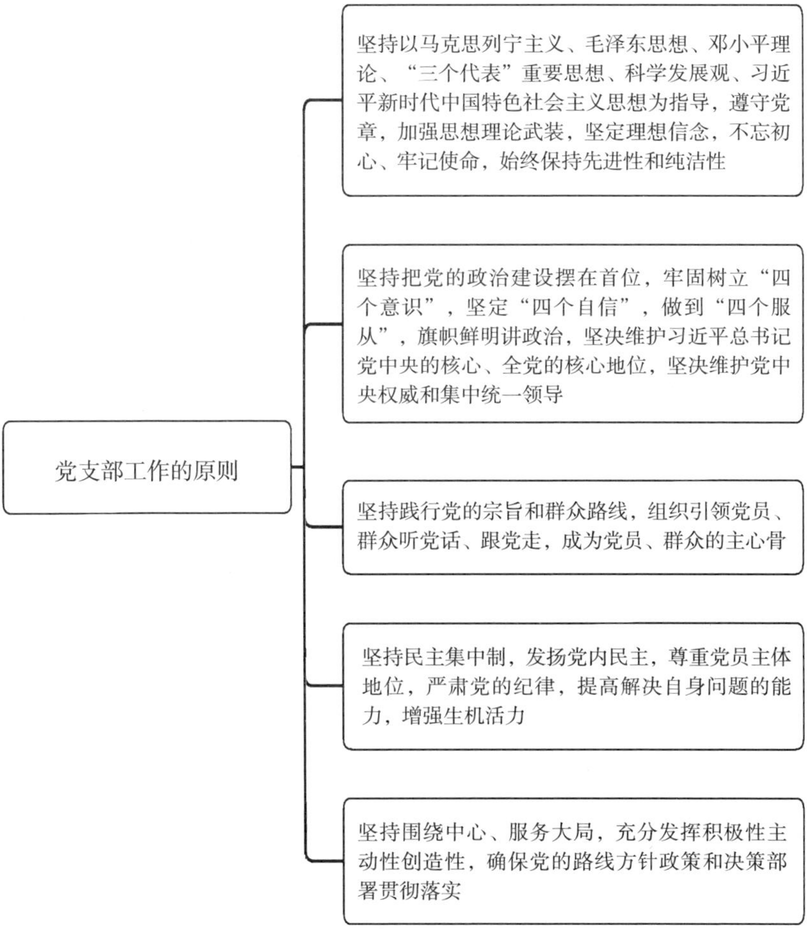

图6-2　党支部工作的原则

三、党支部的工作任务

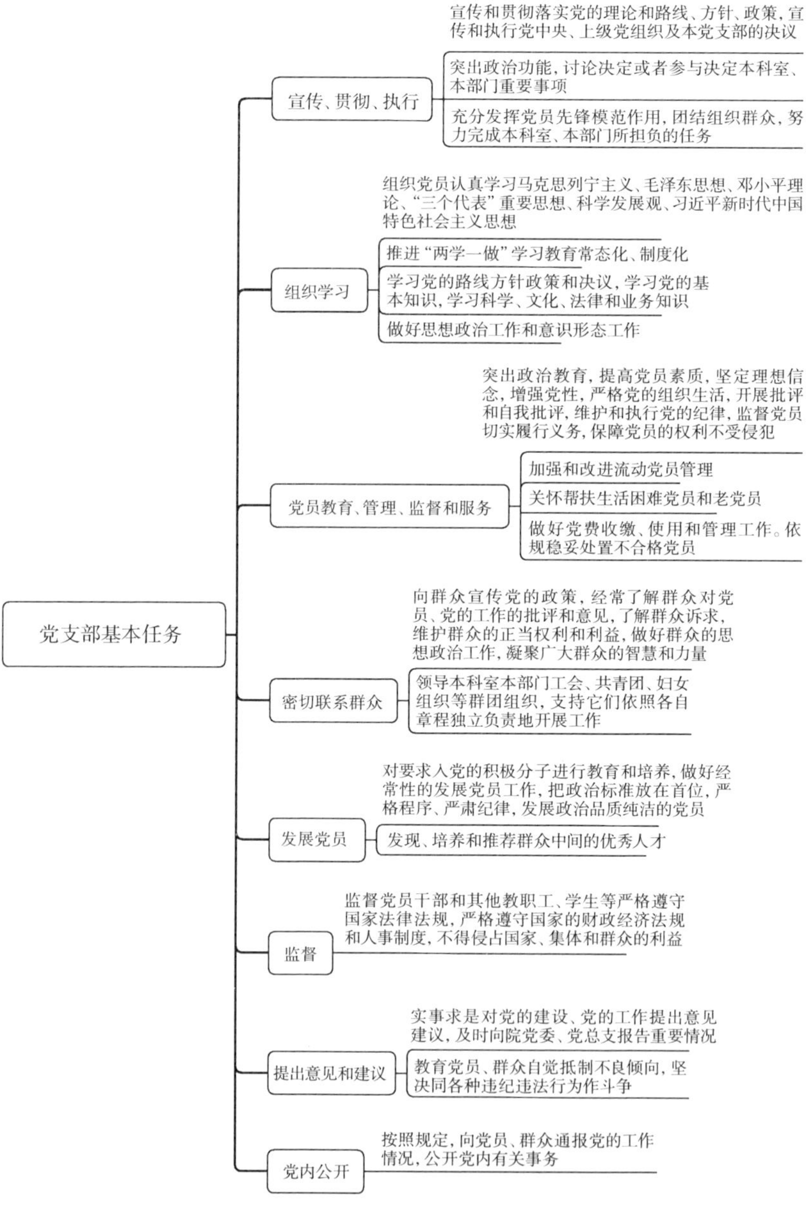

图6-3　党支部基本任务

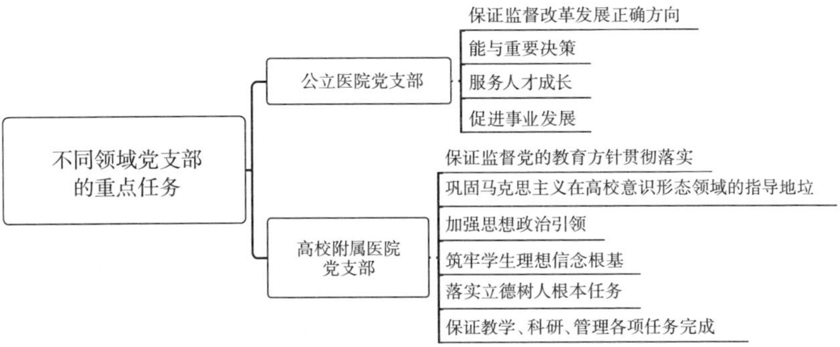

图6-4　不同领域党支部的重点任务

第二节　党支部的设置

一、党支部的命名

党支部的名称一般应与区域或单位的名称相一致。

设置党支部委员会的党支部规范全称一般为：中国共产党×××（区域或单位规范全称）支部委员会。

不设置支部委员会的党支部规范全称一般为：中国共产党×××（区域或单位规范全称）支部。

日常工作中可简称为：×××（区域或单位规范全称）党支部。

除按照单位名称角度命名外，还可以从党员群体的角度或从排序角度进行命名，比如：

中国共产党×××（区域或单位规范全称）学生支部委员会。

中国共产党×××（区域或单位规范全称）第一支部委员会。

二、党支部设置的基本要求

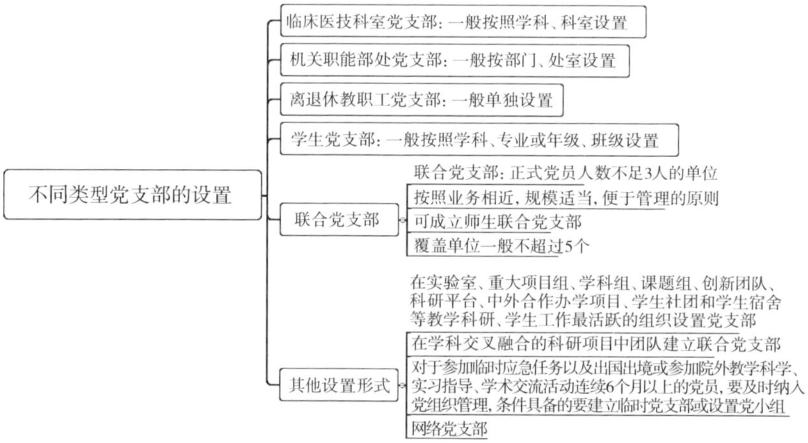

图6-5　不同类型党支部的设置

三、党支部成立的程序

（一）成立党支部的程序

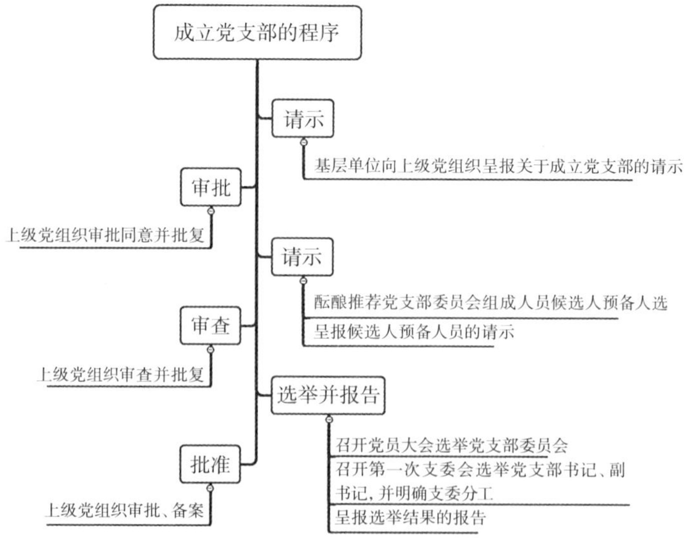

图6-6　成立党支部的程序

（二）选举的实施

- 党支部选举的实施
  - 选举前
    - 选举单位的党组织应当以适当方式将候选人的简历、工作实绩和主要优缺点向选举人作出实事求是的介绍，对选举人提出的询问作出负责的答复。根据选举人的要求，可以组织候选人与选举人见面，回答选举人提出的问题
  - 到会人数
    - 有选举权的到会人数不少于应到会人数的五分之四，会议有效
  - 选举主持
    - 召开党员大会进行选举，由上届委员会主持
    - 不设委员会的党支部进行选举，由上届党支部书记主持
  - 选举监票人
    - 选举设监票人，负责对选举全过程进行监督
    - 党员大会选举的监票人，由全体党员从不是候选人的党员或者代表中推选，经党员大会表决通过
    - 委员会选举的监票人，从不是书记、副书记候选人的委员中推选，经全体委员表决通过
  - 确定计票人
    - 选举设计票人。计票人在监票人监督下进行工作
    - 计票人可由上届支部委员会从不是候选人的党员中指定
  - 选举投票
    - 选举采用无记名票的方式
    - 选举上的委员候选人名单以姓氏笔画为序排列，书记、副书记候选人名单按照上级党组织批准的顺序排列
    - 选举人不能填写选票的，可以由本人委托非候选人按照选举人的意志代写
    - 因故未出席会议的党员或者代表不能委托他人代为投票
    - 选举人对候选人可以投赞成或者不赞成票，也可以弃权。投不赞成票者可以另选他人
  - 选举计票
    - 投票结束后，监票人、计票人应当将投票人数、发出选票数和收回选票数加以核对，作出记录，由监票人签字并报告被选举人的得票数
    - 选举收回的选票数，等于或者少于投票人数，选举有效；多于投票人数，选举无效，应当重新选举
    - 每一选票所选人数，等于或者少于规定应选人数的为有效票，多于规定应选人数的为无效票
    - 实行差额预选时，赞成票超过应到会有选举权人数半数的，方可列为正式候选人
    - 进行正式选举时，被选举人获得的赞成票超过应到会有选举权人数半数的，始得当选
    - 获得赞成票超过半数的被选举人数多于应选名额时，以得票多少为序，至取足应选名额为止。如遇票数相等不能确定当选人时，应当就票数相等的被选举人再次投票，得赞成票多的当选
    - 获得赞成票超过半数的被选举人数少于应选名额时，对不足的名额另行选举。如果接近应选名额，经半数以上选举人同意，也可以减少名额，不再进行选举
  - 选举结果
    - 被选举人得票情况，包括得赞成票、不赞成票、弃权票和另选他人等，由监票人向选举人报告
    - 当选名单由会议主持人向选举人宣布
    - 当选的委员会委员，其名单以姓氏笔画为序排列
    - 当选的书记、副书记，其名单按照上级党组织批准的顺序排列

图6-7　党支部选举工作的实施

（三）党支部换届选举的程序

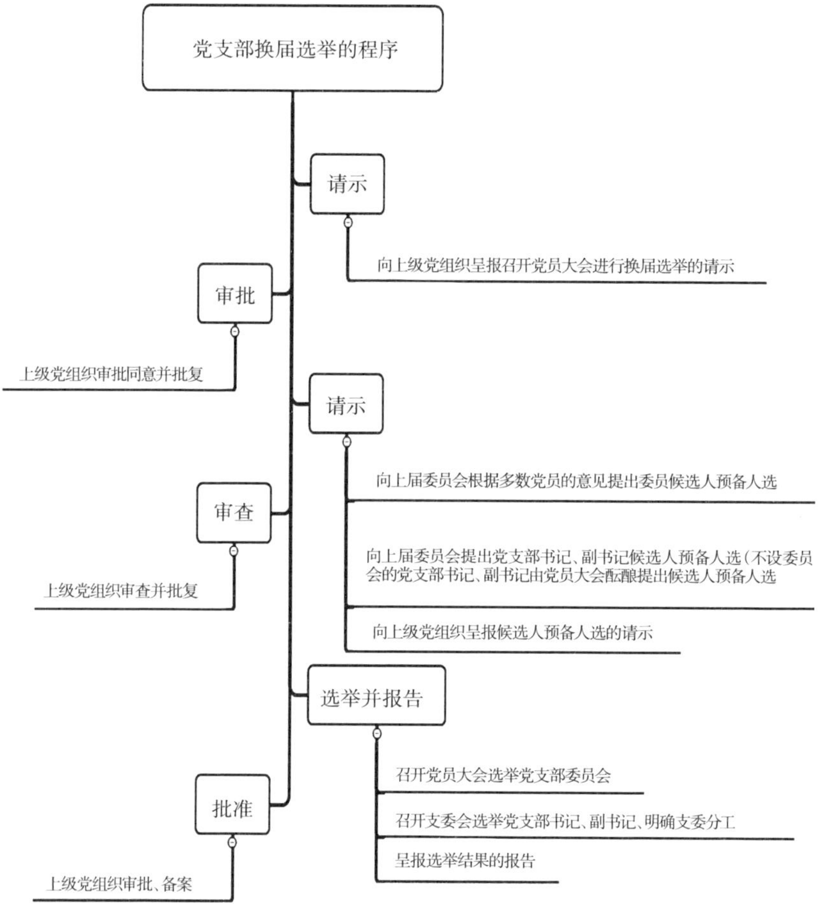

图6–8　党支部换届选举的程序

（四）党支部委员的补选

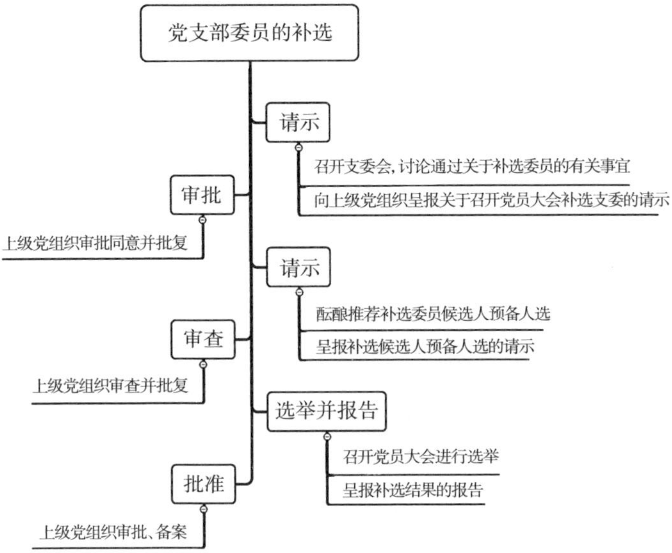

图6-9　党支部委员的补选程序

四、撤销党支部的程序

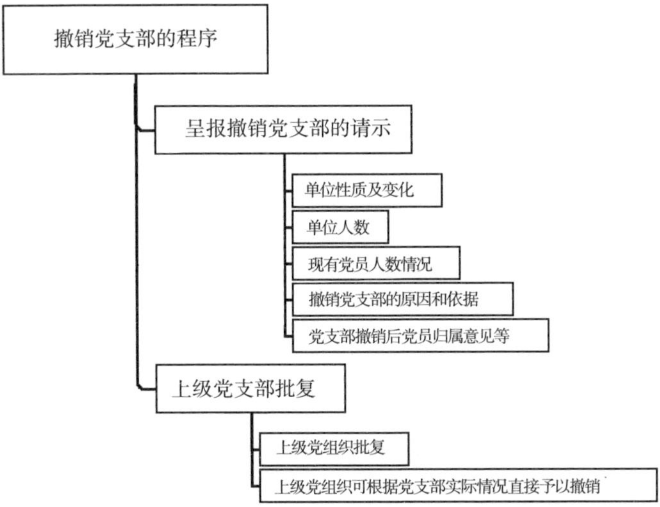

图6-10　撤销党支部的程序

五、临时党支部的成立和撤销

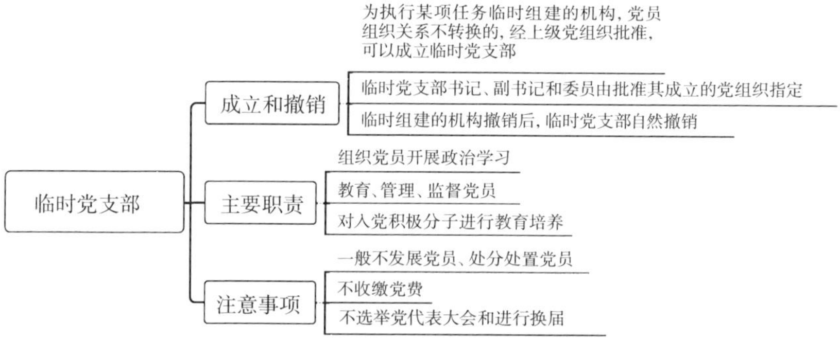

图6-11 党支部委员的补选程序

第三节 党支部委员会建设和党小组工作

一、支部委员会的工作职责

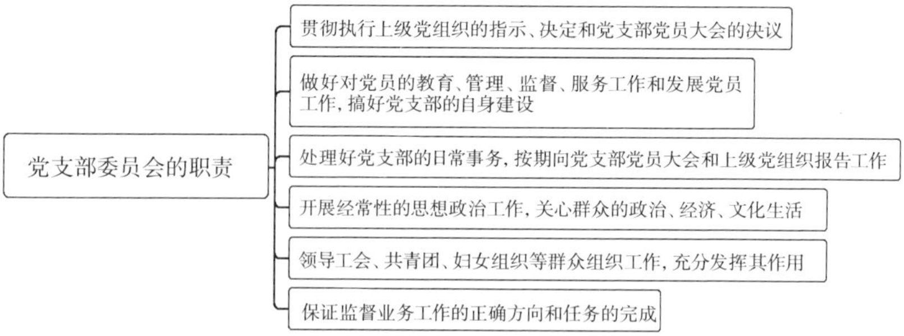

图6-12 党支部委员会的职责

二、党支部委员的职责

（一）党支部书记的工作职责

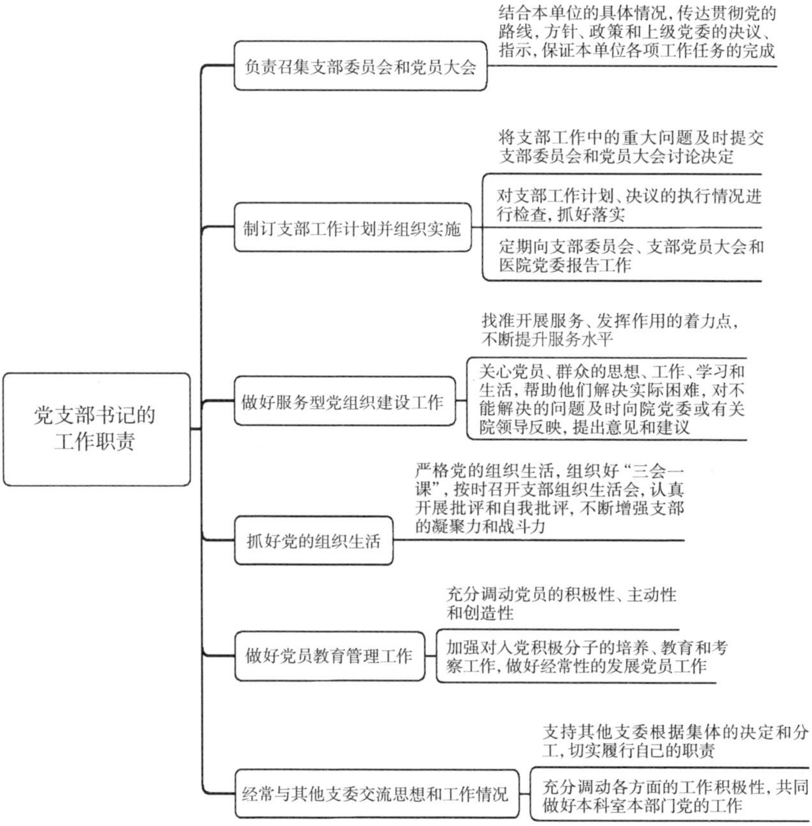

图6-13　党支部书记的工作职责

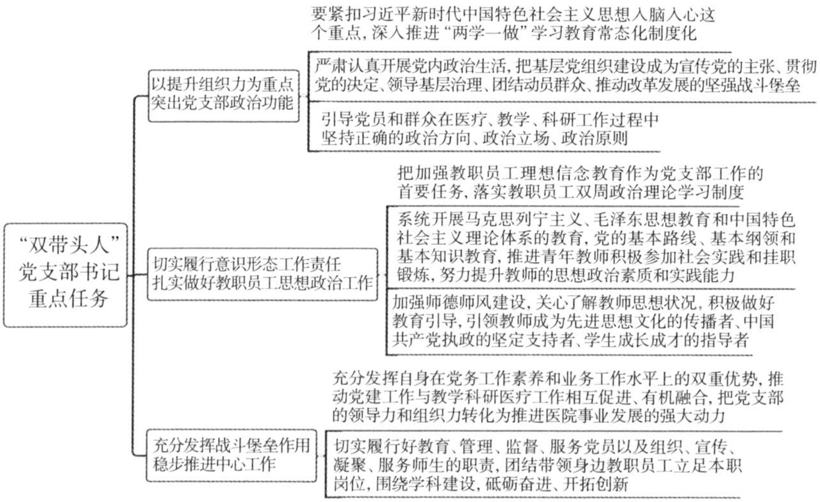

图6-14 "双带头人"党支部书记重点任务

（二）组织委员的职责

党支部组织委员在党支部委员会的集体领导下，分工负责支部的组织工作。其主要职责是：

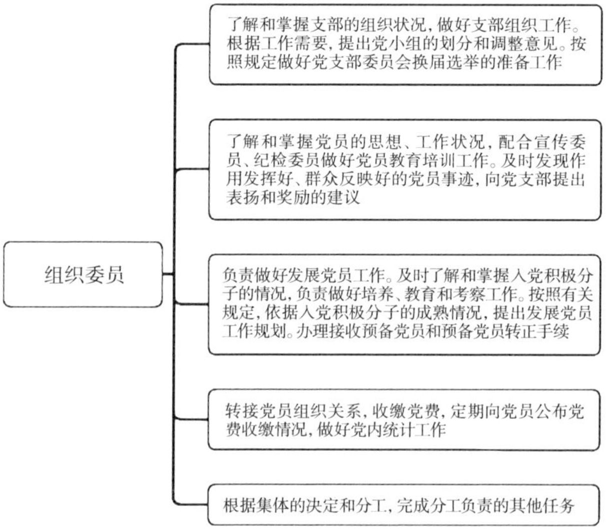

图6-15 组织委员的职责

（三）宣传委员的职责

党支部宣传委员在党支部委员会的集体领导下，分工负责支部的宣传工作。其主要职责是：

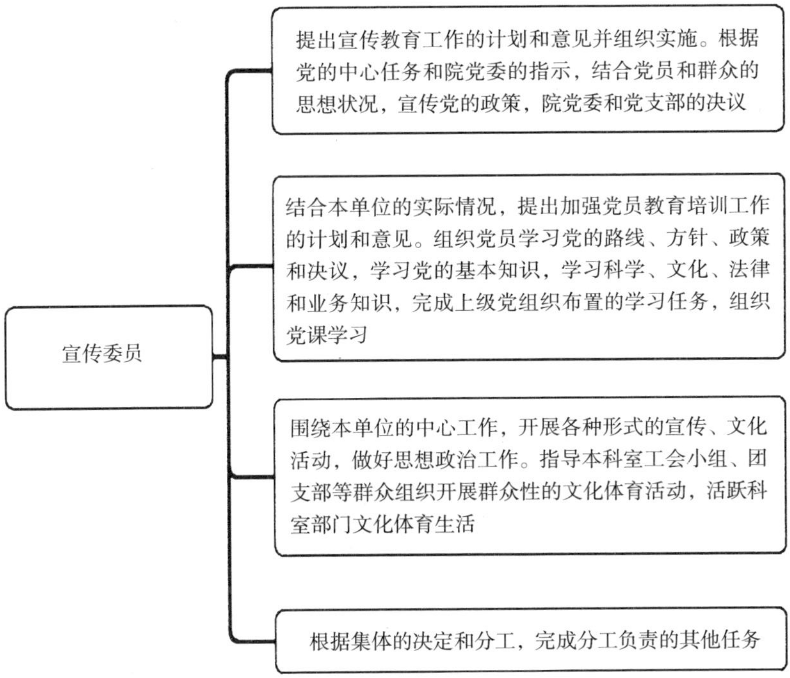

图6-16 宣传委员的职责

（四）纪检委员的职责

党支部纪检委员在党支部委员会的集体领导下，分工负责纪律检查工作。其主要职责是：

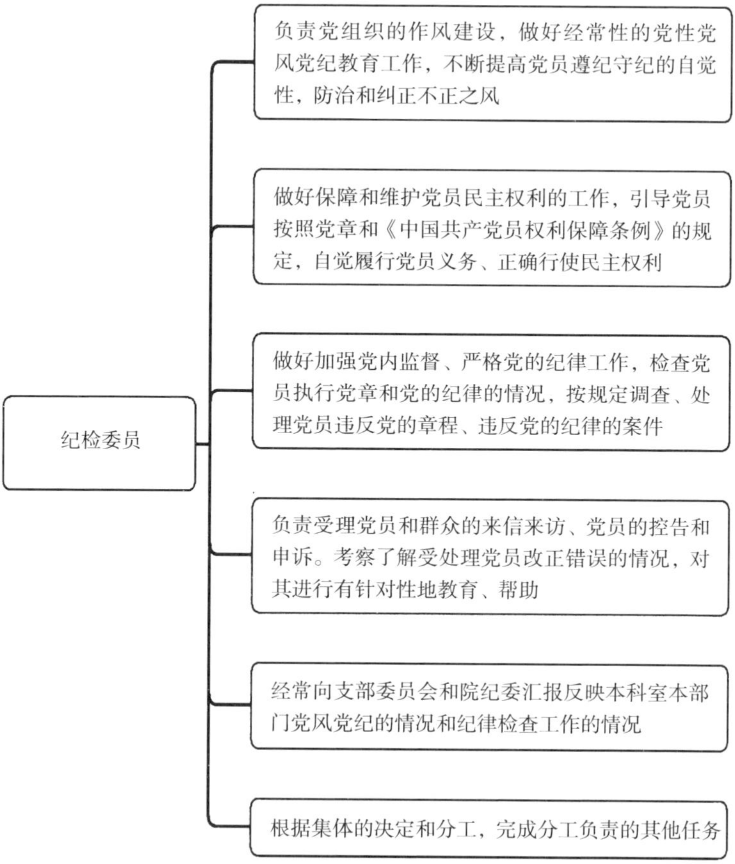

图6-17　纪检委员的职责

（五）统战委员的职责

党支部统战委员在支部委员会的集体领导下，负责支部的统战工作。其主要职责是：

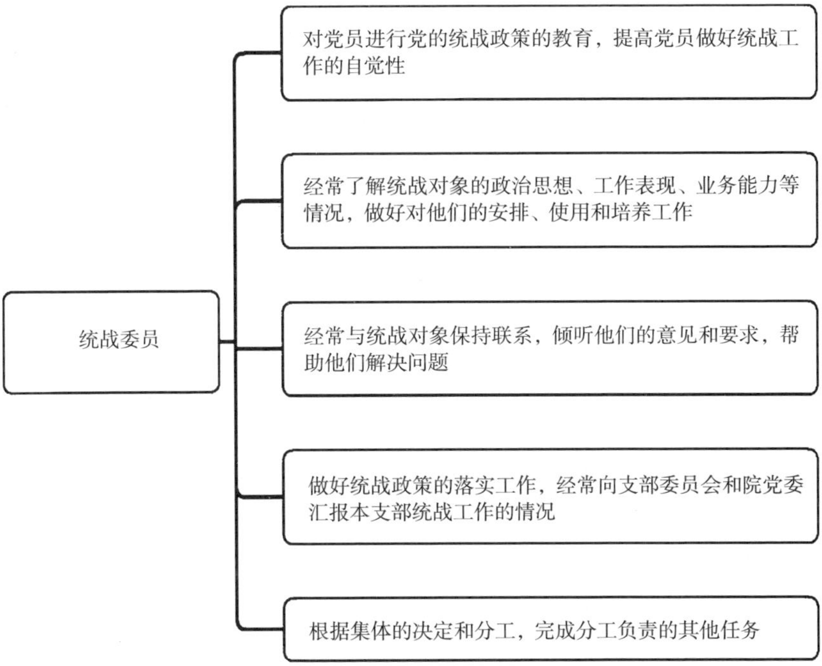

图 6–18　统战委员的职责

（六）青年委员的职责

党支部青年委员在党支部委员会的集体领导下，分工负责指导本单位的团支部工作和青年工作。其主要职责是：

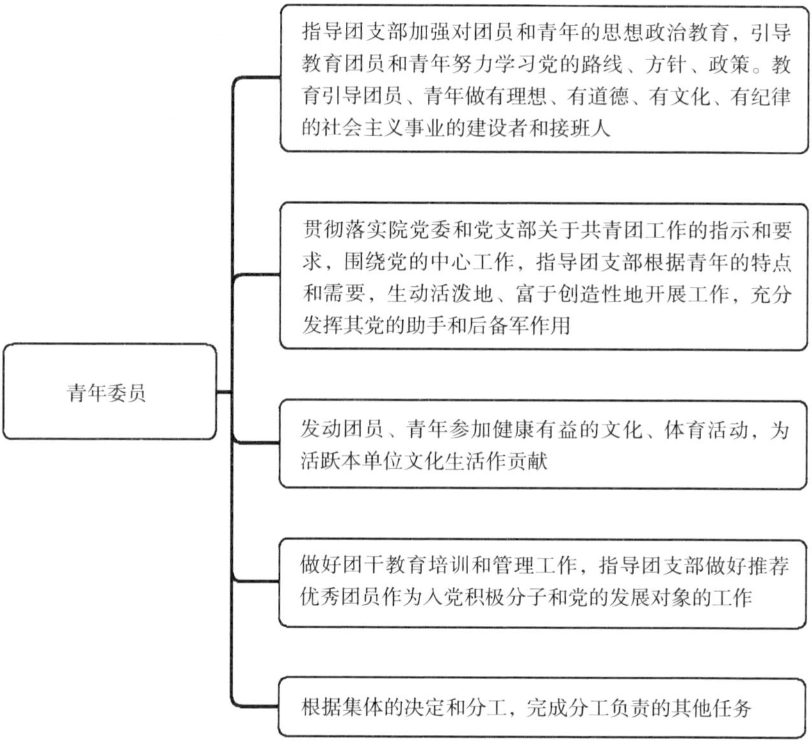

图6-19 青年委员的职责

（七）保密委员的职责

党支部保密委员在党支部委员会的集体领导下，分工负责指导本单位的保密工作。其主要职责是：

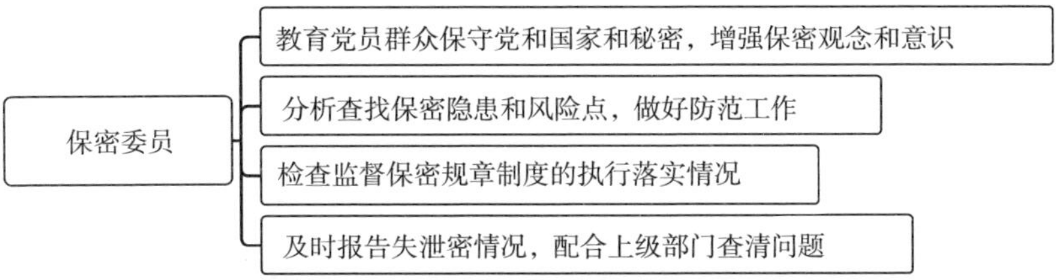

图6-20 保密委员的职责

三、党支部书记的作用

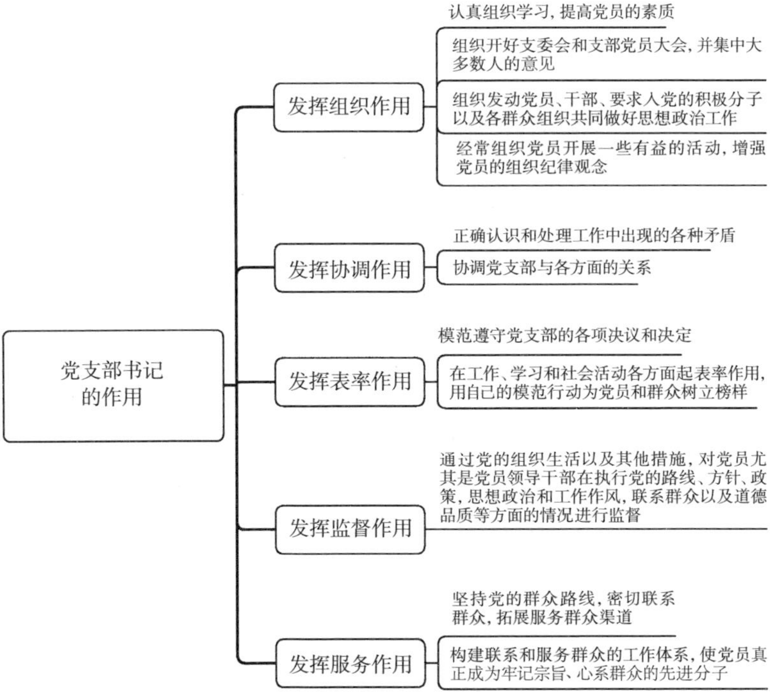

图6-21　党支部书记的作用

四、党小组工作

（一）党小组的设置

党员人数较多或者党员工作地比较分散的党支部，按照便于组织开展活动原则，划分为若干党小组，并设立党小组组长。党员人数在20人以上的党支部，一般应当划分若干党小组；党员人数不足20人的，可以根据工作需要划分党小组。每个党小组不少于3名党员，其中至少有1名为正式党员。党支部可根据党员数量、分布和工作需要科学设置党小组，探索将党员以院区、专业、人员类别或机构、实验室、项目平台、团队等混编党小组。

需要注意的是，党小组是党支部的组成部分，但不是党的一级组织。党小组是为了便于组织党员学习、过组织生活和开展其他活动，根据党员的数量和分布情况而划分的。党员数量少的党支部可以不划分党小组。党小组的建立、调整和撤销，由党支部决定并报党总支、党委备案。

（二）党小组组长的工作职责

党小组组长由党支部指定，可以由所在党小组党员推荐产生，也可以由党支部委员兼任。党小组组长在党支部委员会的领导下开展工作，主要职责是：

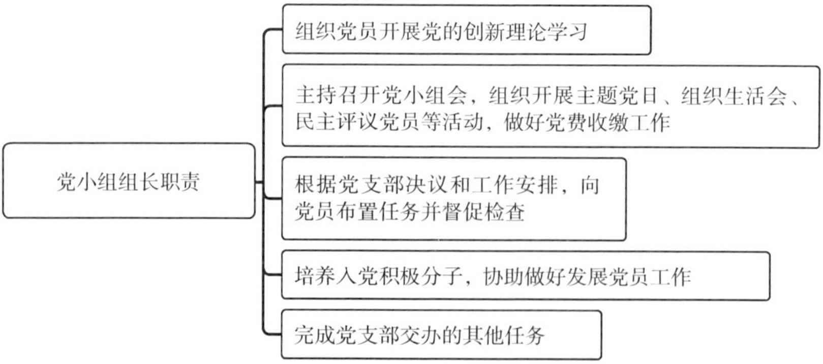

图6-22　党小组组长职责

（三）党小组的基本任务

党小组的主要职责是落实党支部工作要求，完成党支部安排的任务，积极开展党内活动，督促指导党员发挥先锋模范作用。

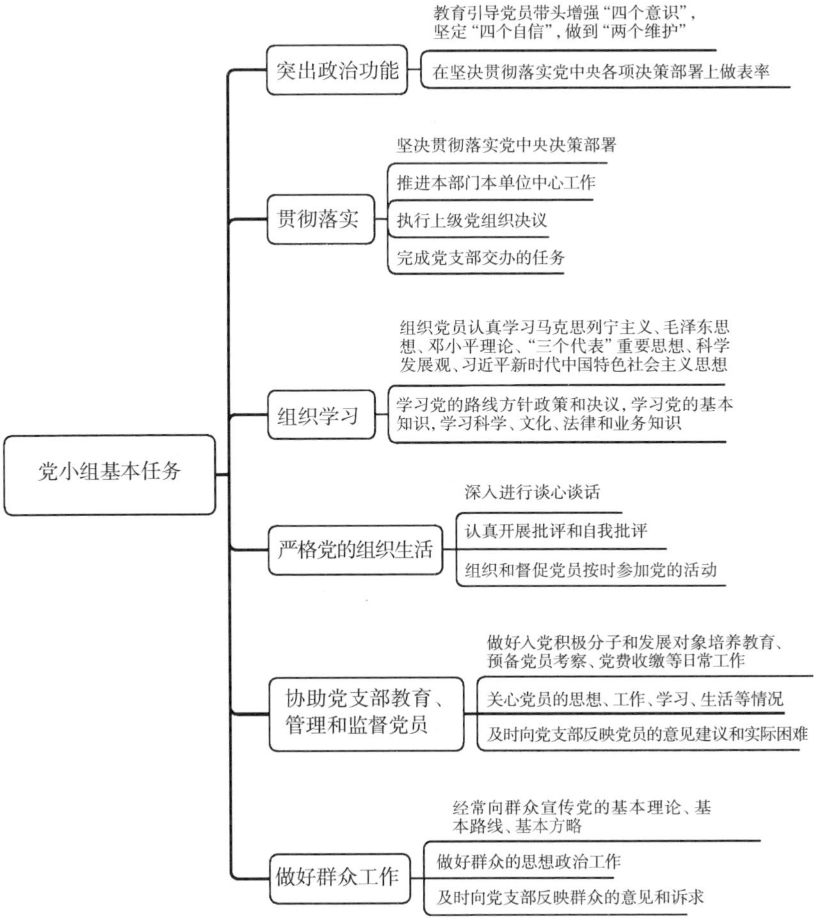

图6-23　党小组基本任务

（四）党小组的组织生活

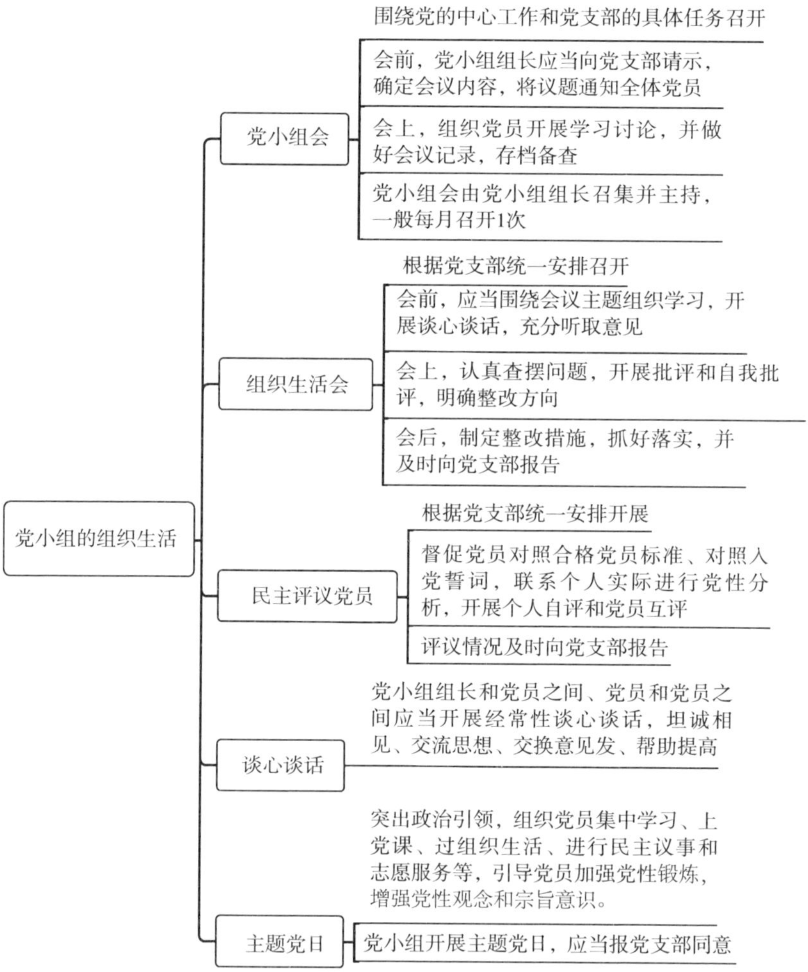

图6–24　党小组的组织生活

第四节 党的组织生活

一、党的组织生活

表 6–1 党的组织生活的几个基本概念

概念	主要内容
党的生活	党内各种活动，包括党小组会、党员大会、党的各级委员会召开的会议、党代表大会、党代表会议、党内选举、党的民主生活会、上党课、阅读党刊和党内文件、听取党的报告以及其他党内政治活动
党内政治生活	党内各级组织和党员按照党章和党内各项规章制度进行的各种政治活动的总和，包括学习教育、组织管理、民主生活会、组织生活会，具有政治性、思想性、组织性和纪律性的特点
党的组织生活	党的组织生活是党内政治生活的重要内容和载体。主要指以学习党内文件、汇报思想、总结报告工作等为主要内容的“三会一课”、主题党日、组织生活会、民主评议党员、民主生活会、谈心谈话等
党的组织生活会	党支部或党小组以交流思想，总结交流经验，开展批评与自我批评为中心内容的一种组织活动制度。党支部（党小组）组织生活会一般每年召开1~2次，一般由支部书记（党小组组长）主持
党的民主生活会	党员领导干部召开旨在开展批评与自我批评的组织生活制度

党支部应当严格执行党的组织生活制度，经常、认真、严肃地开展批评和自我批评，增强党内政治生活的政治性、时代性、原则性、战斗性。严格双重组织生活，党员领导干部应当带头参加所在党支部或者党小组的组织生活，因故不能参加组织生活的，应当事先向所在党支部或党小组请假。

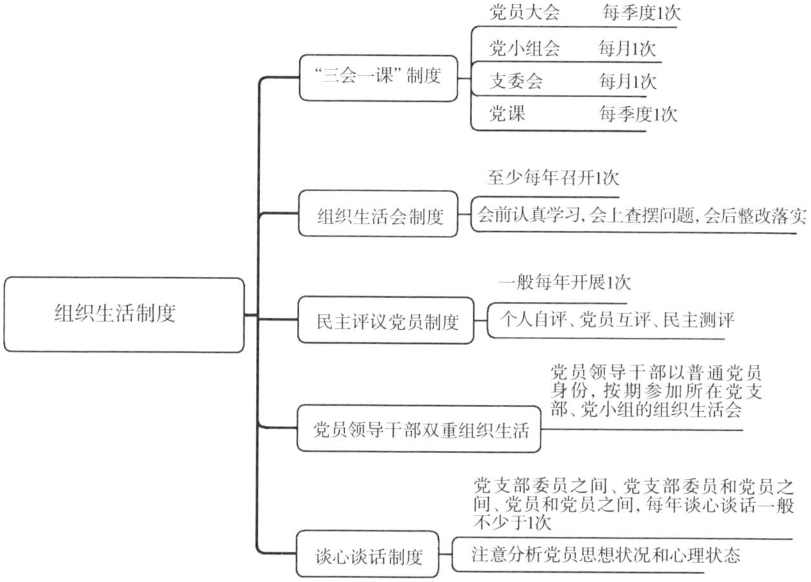

图6-25 党组织生活制度

二、"三会一课"制度

党支部应当组织党员按期参加党员大会、党小组会和上党课，定期召开党支部委员会会议。"三会一课"应当突出政治学习和教育，锤炼党性，结合党员思想和工作实际，确定主题和具体方式，做到形式多样、氛围庄重。党课应当针对党员思想和工作实际，回应普遍关心的问题，增强吸引力、感染力。

（一）党支部党员大会

《中国共产党支部工作条例（试行）》规定，党支部党员大会是党支部的议事决策机构，由全体党员参加，一般每季度召开 1 次。党支部党员大会、党支部委员会会议由党支部书记召集并主持。书记不能参加会议的，可以委托副书记或者委员召集并主持。

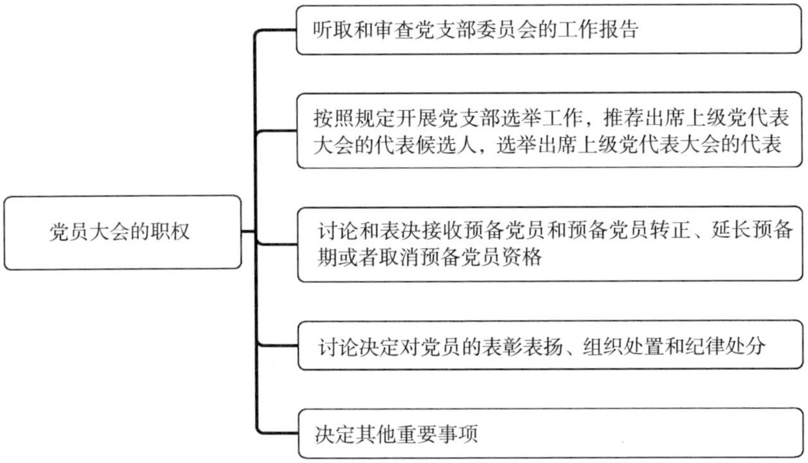

图6-26　党员大会的职权

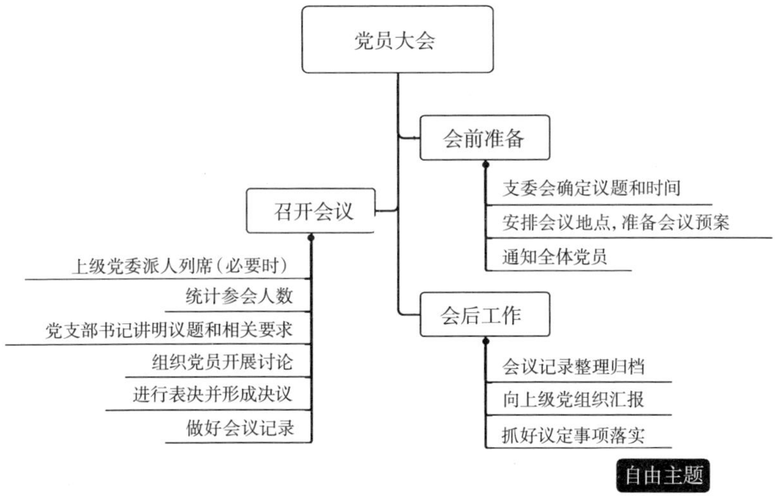

图6-27　党员大会的召开流程

党支部党员大会提议提交表决前，应当经过充分讨论。表决必须有半数以上有表决权的党员到会方可进行，赞成人数超过应到会有表决权的党员的半数为通过。

（二）党支部委员会

《中国共产党支部工作条例（试行）》规定，党支部委员会是党支部日常工作的领导机构。党支部委员会会议一般每月召开1次，根据需要可以随时召开，对党支部重要工作进行讨论、做出决定等。党支部委员会会议须有半数以上委员到会方可进行。重要事项提交党员大会决定前，一般应当经党支部委员会会议讨论。

因工作需要，如传达布置某项工作，动员完成某项紧急任务，为了争取时间，减少层次，更好地统一思想，可以召开党支部委员会扩大会议，吸收党小组组长和有关党员干部及有关行政干部列席，听取他们的意见。召开党支部委员会扩大会议时应当注意以下问题：①会议必须有半数以上的党支部委员参加。②会议要扩大到多大范围，应当根据所研究问题的内容来确定，研究党内问题与研究其他问题所吸收的对象应当有所区别。③列席参加会议的同志，在会上可以充分发表意见，但做决定时无表决权。④不宜开得过多，更不能以党支部委员会扩大会议代替党支部委员会会议。

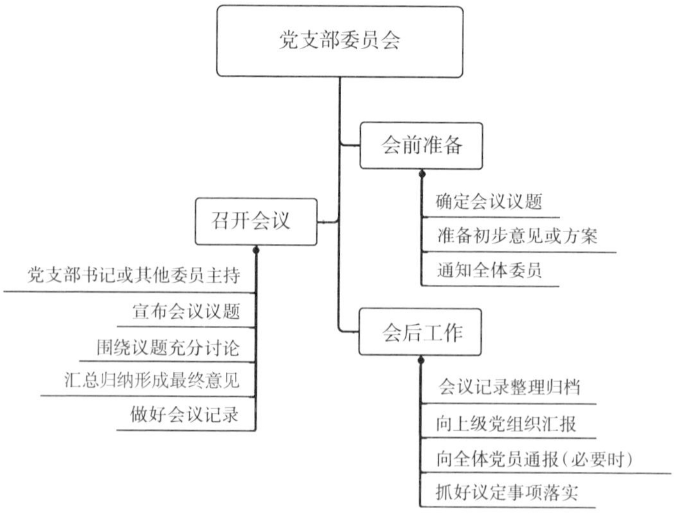

图6-28　支委会的召开流程

（三）党小组会

党小组主要落实党支部工作要求，完成党支部安排的任务。党小组会一般每月召开 1 次，组织党员参加政治学习、谈心谈话、开展批评和自我批评等。党小组会由党小组组长召集并主持。

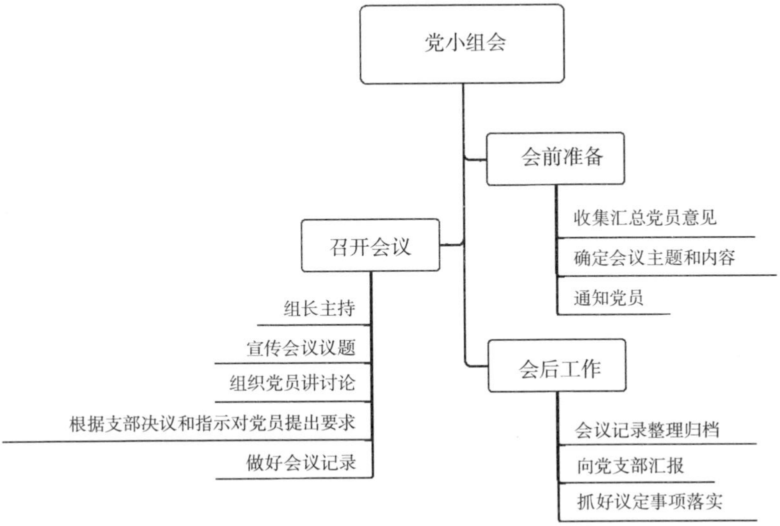

图6-29 党小组会的召开流程

（四）党课

党课内容应当突出政治性、思想性、时代性，贴近党员、贴近实际，不搞照本宣科。一般每季度安排1次，主要以党员领导干部、支部书记和普通党员讲为主，可邀请理论专家、党务工作者、先进典型送党课到基层，党委（总支）、党支部书记每年至少讲1次党课。

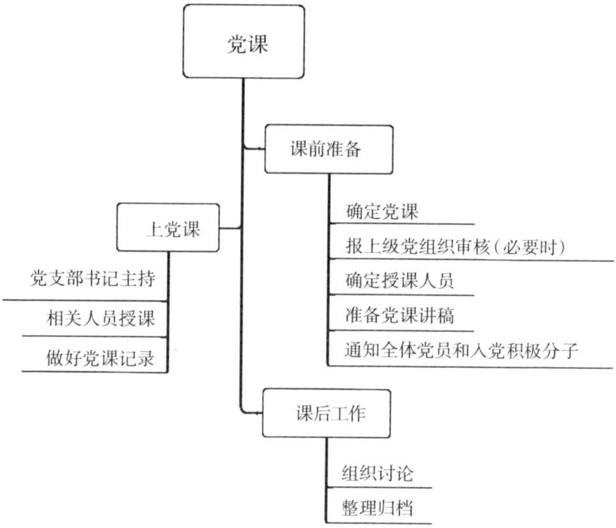

图6-30　党课的召开流程

（五）主题党日

主题党日以党支部为基本单位，经党支部同意也可以党小组为单位，每月相对固定1天组织党员集中学习、过组织生活、进行民主议事和志愿服务等。主题党日开展前，党支部应当认真研究确定主题和内容；开展后，应当抓好议定事项的组织落实。对经党组织同意可以不转接组织关系的党员，所在科室/部门党组织应将其纳入党支部或党小组参加组织生活会。

入党积极分子、党员发展对象可参加主题党日活动。党外人士要求参加活动的，由所在党支部提出意见并报上级党组织批准。

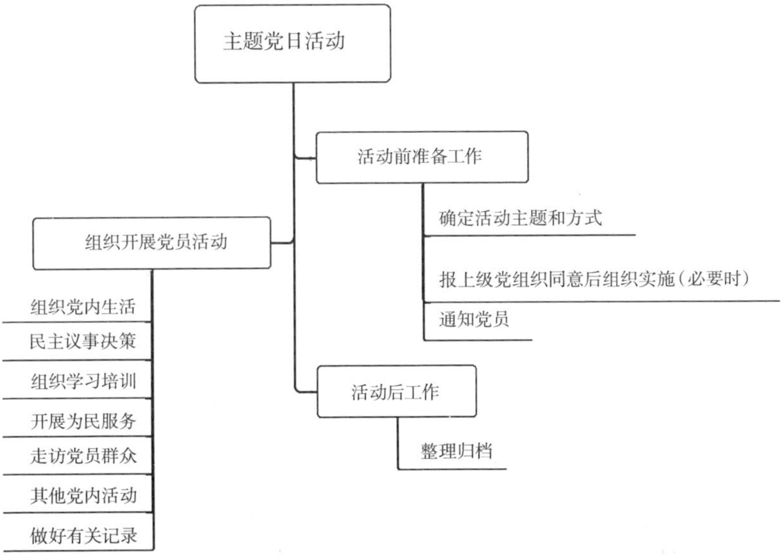

图6-31　主题党日活动的组织流程

三、组织生活会制度

党支部每年至少召开 1 次组织生活会，一般安排在第四季度，也可以根据工作需要随时召开。组织生活会一般以党支部党员大会、党支部委员会会议或党小组会形式召开。组织生活会应当确定主题，会前认真学习，谈心谈话，听取意见；会上查摆问题，开展批评和自我批评，明确整改方向；会后制定整改措施，对照任务清单逐一落实。

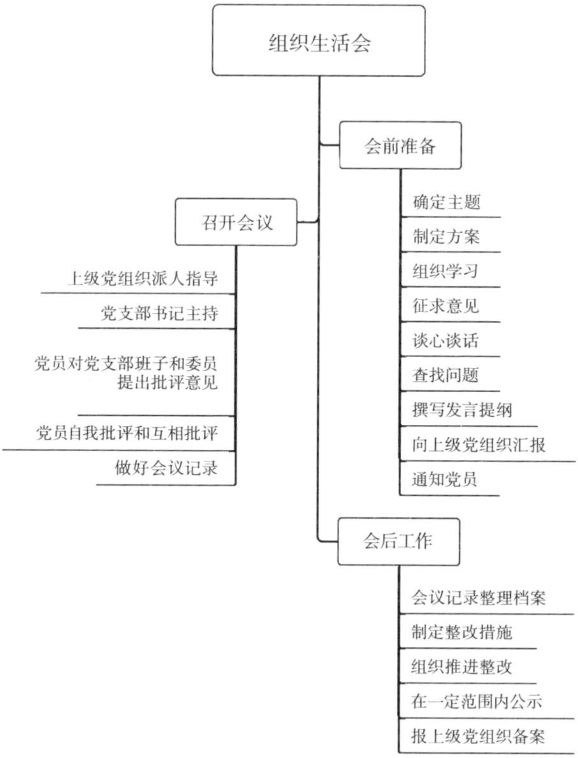

图6–32 组织生活会的召开流程

四、民主评议党员制度

党支部一般每年开展 1 次民主评议，组织党员主要对照党中央和习近平总书记的号召和要求，对照新时代合格党员标准，对照入党誓词，对照革命先辈和先进典型，联系个人实际进行党性分析。党支部召开党员大会，按照个人自评、党员互评、民主测评的程序，组织党员进行评议。党员人数较多的党支部，个人自评和党员互评可以在党小组范围内进行。党支部委员会会议或者党员大会根据评议情况和党员日常表现情况，提出评定意见。民主评议党员可以结合组织生活会一并进行。

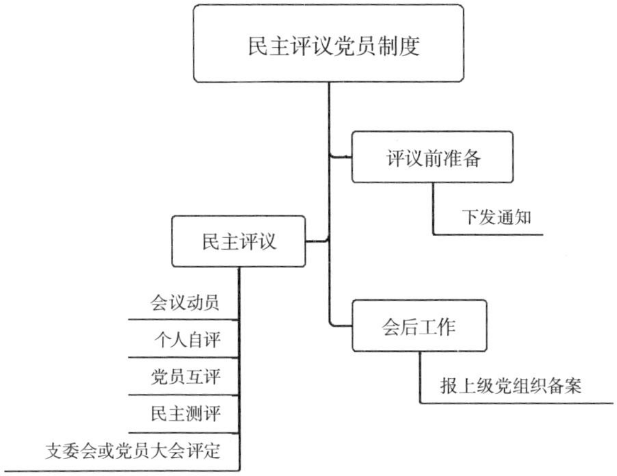

图6–33　民主评议党员制度的流程

五、谈心谈话制度

党支部应当经常开展谈心谈话。党支部委员之间、党支部委员和党员之间、党员和党员之间，每年谈心谈话一般不少于 1 次，一般可以结合年度工作总结、组织生活会、民主评议党员、主题党日等进行。谈心谈话应当坦诚相见、交流思想、交换意见、帮助提高。

党支部应当注重分析党员思想状况和心理状态。对家庭发生重大变故和出现重大困难、身心健康存在突出问题等情况的党员，党支部书记应当帮助做好心理疏导；对受到处分处置及有不良反映的党员，党支部书记应当有针对性地做好思想政治工作。

第五节　党员的教育管理监督

一、发展党员工作

（一）发展党员工作的原则和总要求

党章规定："发展党员，必须把政治标准放在首位，经过党的支部，坚持个别吸收的原则。"坚持党章规定的党员标准，始终把政治标准放在首位，注重思想入党，是发展党员工作的根本要求，也是保持党的先进性、纯洁性的重要保证。《中国共产党发展党员工作细则》在党员标准上明确提出，党的基层组织应当吸收具有马克思主义信仰、共产主义觉悟和中国特色社会主义信念，自觉践行社会主义核心价值观的先进分子入党。在培养教育过程中，要教育引导入党积极分子端正入党动机，确立为共产主义事业奋斗终身的信念。要对发展对象进行政治审查，凡是未经政治审查或政治审查不合格的，不能发展入党。

（二）发展党员工作的流程

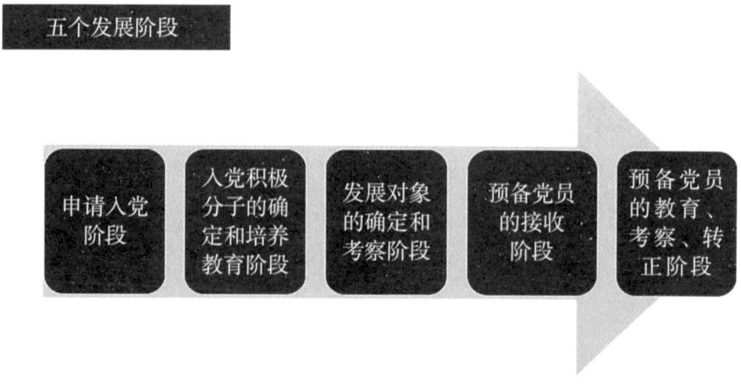

图6-34　发展党员工作的五个阶段

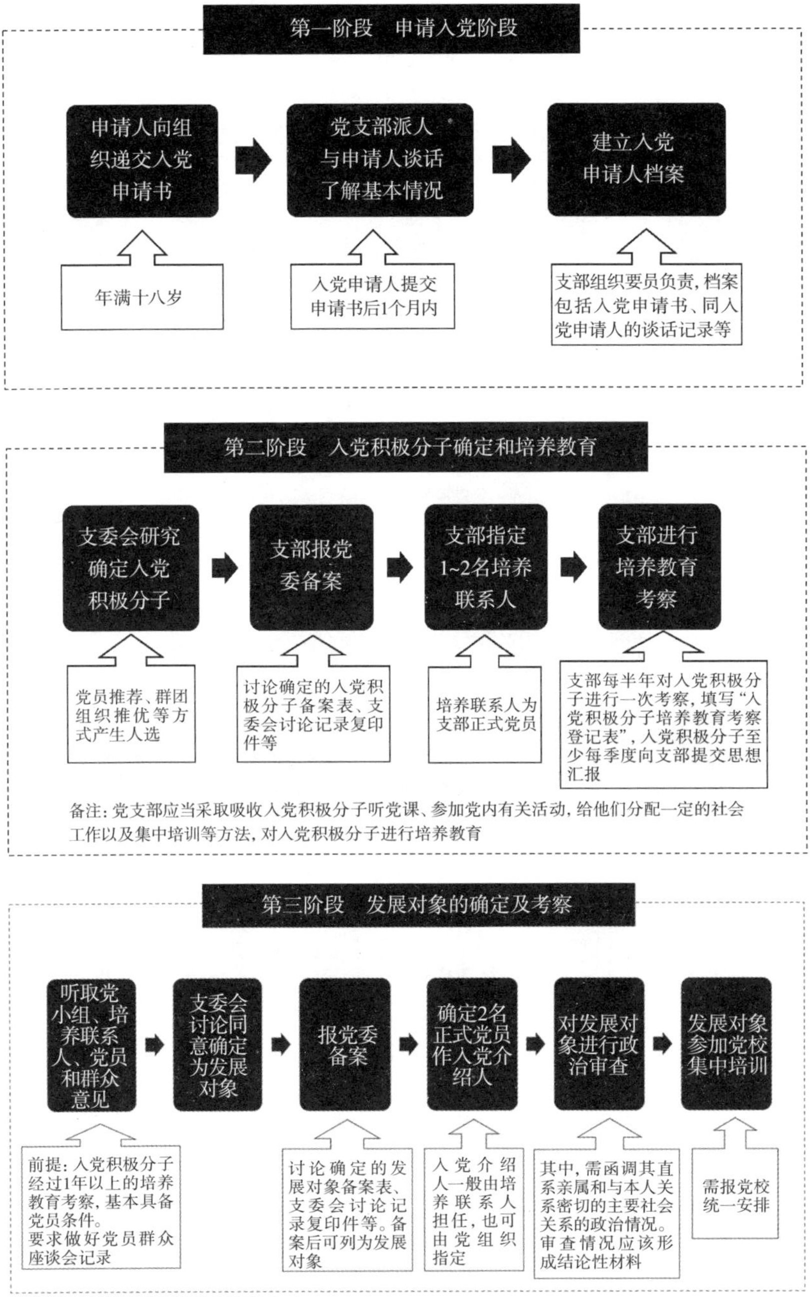

(a)

图6-35 发展党员工作的流程

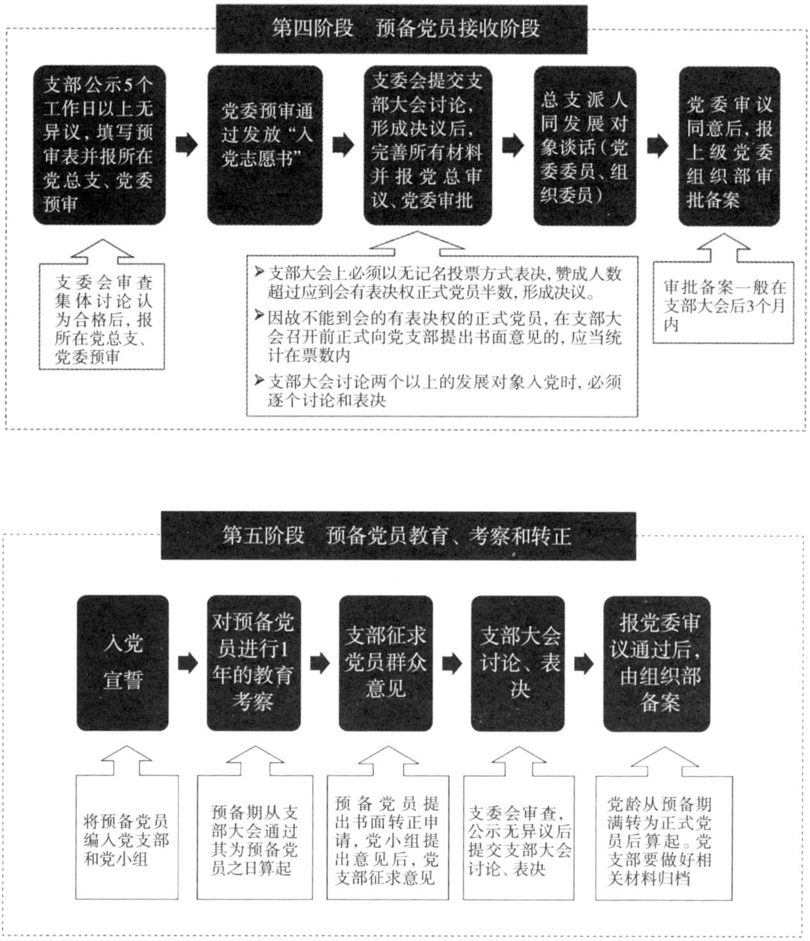

（b）

图6-35 发展党员工作的流程

发展党员工作中的几个重要时间：

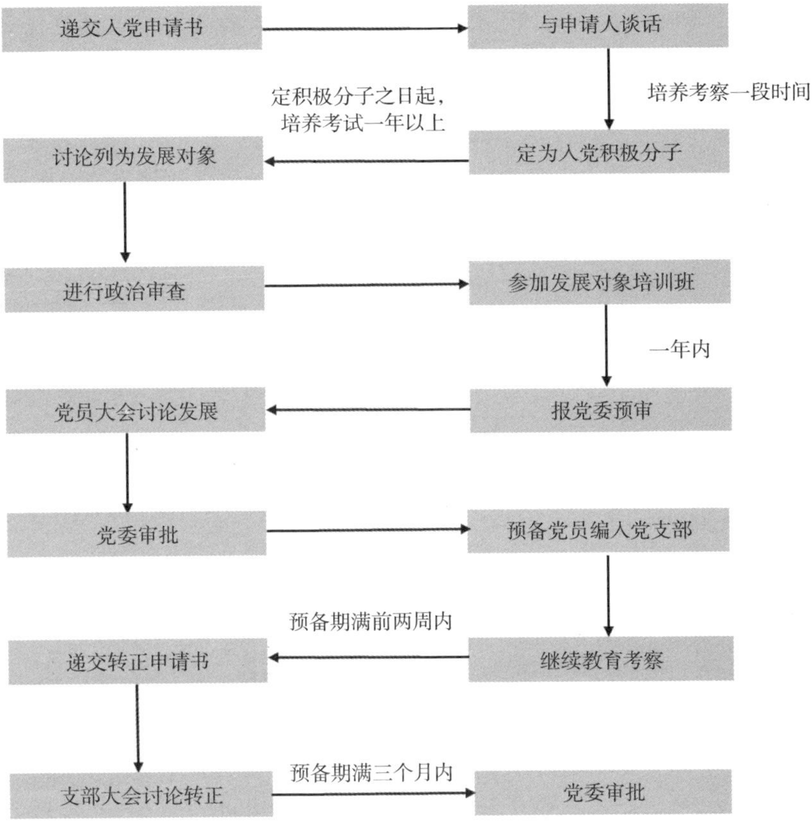

图6-36　发展党员工作中的几个重要时间

表 6-2　党员发展工作流程简表

阶段	序号	主要流程	责任主体	相关材料
申请入党	1	入党申请人向党支部递交入党申请书	党支部	入党申请书
	2	党支部了解申请人的基本情况	党支部	谈话记录
		一个月内指派专人与入党申请人谈话、做好谈话记录	谈话人	
		组织入党申请人不定期提交思想汇报	党支部	思想汇报

续表

阶段	序号	主要流程	责任主体	相关材料
入党积极分子的确定和培养教育	3	申请人经过群团组织“推优”，向党支部推荐建议人选	群团组织	共青团推优对象审核表
		支部委员会研究确定入党积极分子	支委会	支部工作手册
	4	确定入党积极分子相关情况报上级党委备案	党委	入党积极分子备案登记表
	5	党支部为入党积极分子指定1~2名正式党员作为培养联系人	党支部	支委会记录
	6	入党积极分子每季度至少提交一次思想汇报，联系人每季度与积极分子谈话，提出考察意见	培养联系人	思想汇报 入党积极分子培养考察登记表
发展对象的确定和考察	7	党支部广泛征求党员、群众等各类群体的意见	党支部	入党征求意见记录表
		支部委员会研究确定发展对象	支委会	支委会记录
	8	确定发展对象相关情况报上级党委备案	党委	发展对象备案登记表
	9	为发展对象确定两名正式党员作为入党介绍人	党支部	
	10	党支部对发展对象进行政治审查、进行必要的函调	审查人	函调证明材料
		对发展对象情况进行公示，记录公示结果	党支部	发展党员公示表
	11	对发展对象进行入党前集中培训	各级党校	培训考核登记表、结业证书
预备党员的接收	12	支部委员会审查，出具预审意见，报上级党委审核	支委会	预审表
	13	党员预审通过后报组织部备案	党委	发展对象备案登记表
		党委组织部通知党支部，下发入党志愿书	党委	入党志愿书
	14	入党介绍人与发展对象谈话，指导发展对象认真填写入党志愿书	介绍人	入党志愿书
	15	支部大会讨论接收预备党员，进行无记名投票，形成支部决议	支部大会	入党志愿书 党员大会记录
	16	党委（党总支）指派党委委员或组织委员同发展对象谈话	谈话人	入党志愿书
	17	相关材料经整理后报党委讨论表决并审批	党委	入党志愿书
	18	党委审批后通知党支部，同时报上级党委组织部复核备案	党委	

续表

<table>
<tr><th>阶段</th><th>序号</th><th>主要流程</th><th>责任主体</th><th>相关材料</th></tr>
<tr><td rowspan="15">预备党员的教育、考察和转正</td><td>19</td><td>党支部宣布接收预备党员决定，将预备党员编入党支部、党小组</td><td>党支部</td><td></td></tr>
<tr><td>20</td><td>组织入党宣誓</td><td>各级党组织</td><td></td></tr>
<tr><td rowspan="3">21</td><td rowspan="2">预备党员每季度提交一次思想汇报，培养联系人每季度与预备党员谈话，提出考察意见</td><td rowspan="2">联系人</td><td>思想汇报</td></tr>
<tr><td>预备党员培养考察登记表</td></tr>
<tr><td>党支部每半年对预备党员情况作一次评议</td><td>党支部</td><td>支部工作手册</td></tr>
<tr><td rowspan="3">22</td><td>一年预备期满前2周内，预备党员主动提出转正申请</td><td>预备党员</td><td>转正申请书</td></tr>
<tr><td>党支部广泛征求党员、群众各类群体的意见</td><td>党支部</td><td>征求意见记录</td></tr>
<tr><td>党支部对预备党员转正情况进行公示，记录公示结果</td><td>党支部</td><td>转正公示表</td></tr>
<tr><td rowspan="4">23</td><td>支部委员会在充分征求党员和群众意见、转正公示的基础上，提出对预备党员预备期的考察意见</td><td>支委会</td><td>预备党员转正审查表</td></tr>
<tr><td rowspan="3">支部大会讨论预备党员转正，进行无记名投票，形成支部决议</td><td rowspan="3">支部大会</td><td>入党志愿书</td></tr>
<tr><td>表决票</td></tr>
<tr><td>党员大会记录</td></tr>
<tr><td rowspan="2">24</td><td>相关材料经整理后报党委讨论表决并审批</td><td>党委</td><td>入党志愿书</td></tr>
<tr><td>党委审批后通知支部，并报上级党委组织部复核备案</td><td>党委</td><td></td></tr>
<tr><td>25</td><td>将入党志愿书、入党申请书、政治审查材料、转正申请书和培养教育考察材料等归入本人人事档案</td><td>组织部或党委</td><td>入党全套材料</td></tr>
</table>

【常见问题1】入党时间是指什么时候？党龄从何时算起？

党员的入党时间是从支部大会通过其成为预备党员之日算起。党员过“政治生日”也是指这个时间。

党龄指党员从预备党员转为正式党员以后经过的年数，即成为正式党员后的全部时间。党龄表示一个党员在党内生活和工作的实际经历。被延长预备期的，其党龄从延长预备期满后被批准转为正式党员之日算起。

【常见问题2】预备党员因私事出国（境）后转正怎么办?

出国（境）学习、工作人员中的预备党员，未加入外国国籍或取得外国长期居住权，在国（境）外无法办理转正手续的，回国后本人书面向党组织提出恢复预备期的申请，并如实汇报在国（境）外期间的情况，自党员向党组织提出书面申请之日起，经过一年时间的考察，符合党员条件的，可以办理转正手续。

【常见问题3】什么情况下可以延长预备期，具体如何操作?

预备党员通过预备期考察，如仍不完全具备党员条件，需要延长预备期继续进行考察和教育。一般掌握以下几种情况：

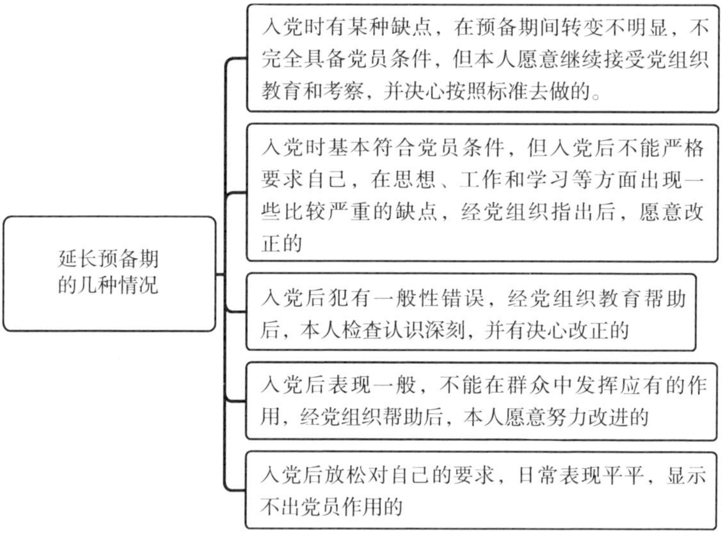

图6-37 延长预备期的几种情况

延长预备期的决议只能做出一次，期限为半年至一年。通过延长预备期的考察后，对不履行党员义务、不具备党员条件的，应当取消预备党员资格。预备党员预备期未满，犯有严重错误或违法违纪，经逐级审核和党委批准，在预备期即可取消预备党员资格。党支部在做出延长预备期或者取消预备党员资格的决议前，一般应形成书面材料，报送上级党组织审核，在形成共识的基础上召开支部大会做出决议。

二、党员教育管理

党员教育管理的基本要求：党员每年集中学习培训时间一般不少于32学时，党支部书记和委员每年参加集中培训和集体学习时间不少于56学时，参加县级以上党组织举办的集中培训1次。

（一）党员教育管理的基本要求和工作原则

党员教育管理工作遵循的原则：

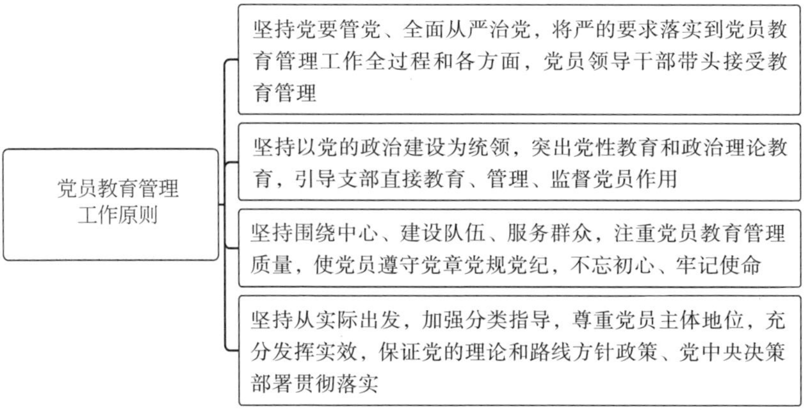

图6–38　党员教育管理工作的原则

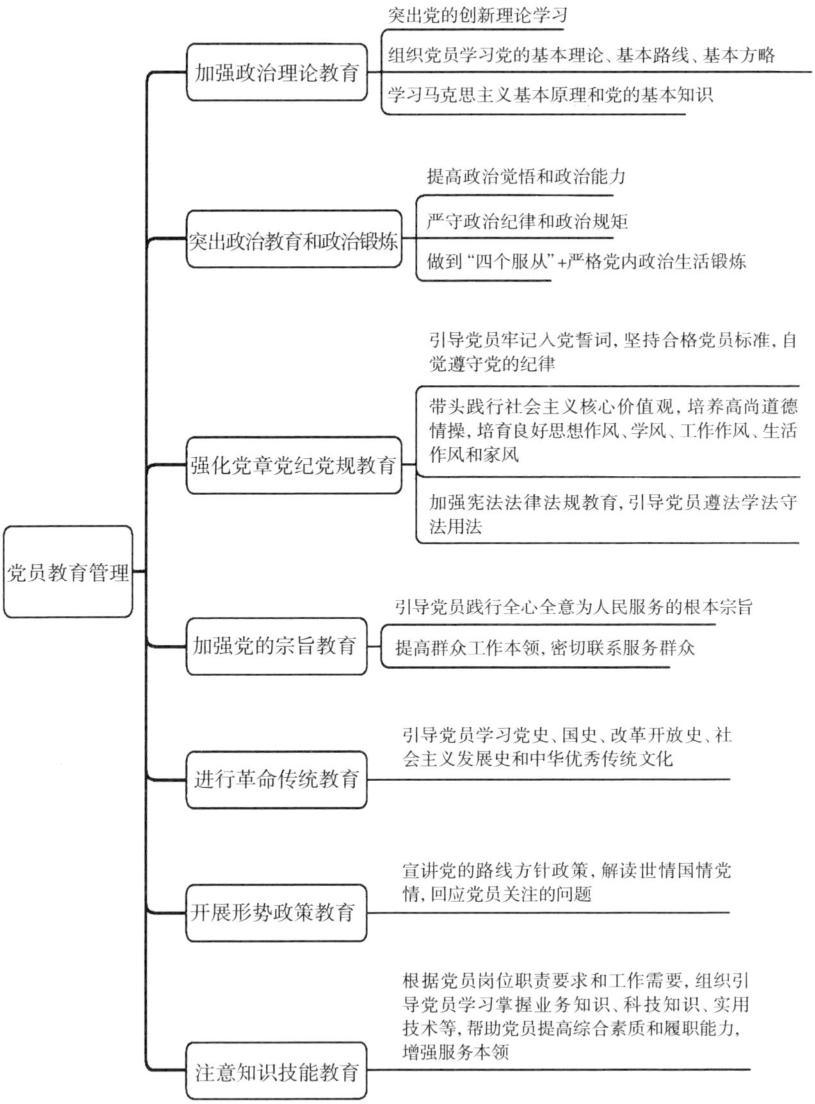

图6-39 党员教育管理的主要内容

（二）党员日常教育管理的主要方式

党员日常教育管理的主要方式

- 党支部应当运用“三会一课”制度，对党员进行经常性的教育管理。党员应当按期参加党员大会、党小组会和上党课，进行学习交流，汇报思想、工作等情况。党员领导干部应当参加双重组织生活
- 党支部应当每月开展1次主题党日活动，贴近党员思想和工作实际，组织党员集中学习、过组织生活、进行民主议事和开展志愿服务等
- 党员应当按期交纳党费。党组织应当做好党费收缴、使用和管理工作
- 党支部每年至少召开1次组织生活会，也可以根据工作需要随时召开，一般以党员大会、党支部委员会会议或者党小组会形式进行
- 党支部一般每年开展1次民主评议。党支部召开党员大会，按照个人自评、党员互评、民主测评的程序，组织党员进行评议。党支部委员会会议或者党员大会根据评议情况和党员日常表现情况，提出评定意见。民主评议可以结合组织生活会一并进行
- 基层党组织应当注重分析党员思想状态和心理状态，党组织负责人应当经常同党员谈心谈话，有针对性地做好思想政治工作
- 党委每年应当组织党员集中轮训，主要依托县级党校（行政学院）、基层党校等进行。根据事业发展和党的建设重点任务，结合本地区本部门本单位中心工作和党员实际，确定培训内容和方式。党员每年集中学习培训时间一般不少于32学时
- 党组织应当按照党中央部署要求，组织党员认真参加党内集中学习教育，引导学员围绕学习教育主题，深入学习党的创新理论，查找解决自身存在的突出问题
- 党组织应当充分发挥党员的先锋模范作用，结合不同群体党员实际，通过树立、学习身边的榜样，设立党员示范岗、党员责任区，开展设岗定责、承诺践诺等，引导党员做好本职工作，干在实处、走在前列，创先争优，在联系服务群众、完成重大任务中勇于担当作用，做到平常时候看得出来、关键时刻站得出来、危急关头豁得出来
- 鼓励和引导党员参与志愿服务。党员应当积极参加党组织开展的志愿服务活动，也可以自行开展志愿服务活动
- 党组织应当坚持从严教育管理和热情关心爱护相统一，从政治、思想、工作、生活上激励关怀帮扶党员
- 针对老党员的身体、居住和家庭等实际情况，采取灵活方式，进行教育管理服务，组织他们参加党的组织生活，发挥力所能及的作用。对年老体弱、行动不便、身患重病甚至失能的党员，组织活动和开展学习教育不作硬性要求，党组织通过送学上门、走访慰问等方式，给予更多关心照顾

图6-40　党员日常教育管理的主要方式

三、党员组织关系管理

党员组织关系是指党员对党的基层组织的隶属关系。每个党员都必须编入党的一个支部、小组或者其他特定组织。党员工作单位发生变动的，或者外出学习、工作、生活6个月以上并且地点相对固定的，应当转移组织关系。

党支部不能直接对外单位转移党员组织关系。具有审批预备党员权限的基层党委，可以在全国范围内直接相互转移和接收党员组织关系。党组织接收党员关系时，如有必要，可以采取适当方式查核党员档案。党组织不得无故拒转拒接党员组织关系。对组织关系转出但尚未被接收的党员，原单位党组织仍然负有管理责任。

（一）转出组织关系

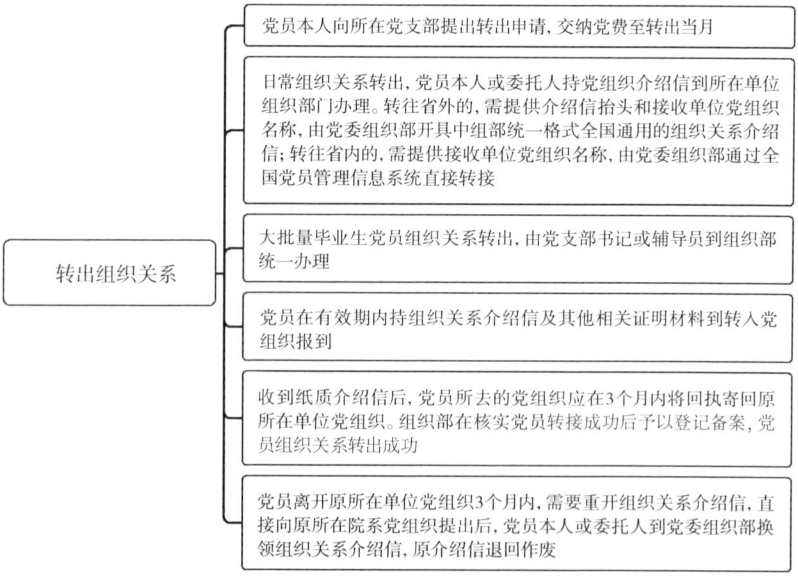

图6-41　转出组织关系的流程

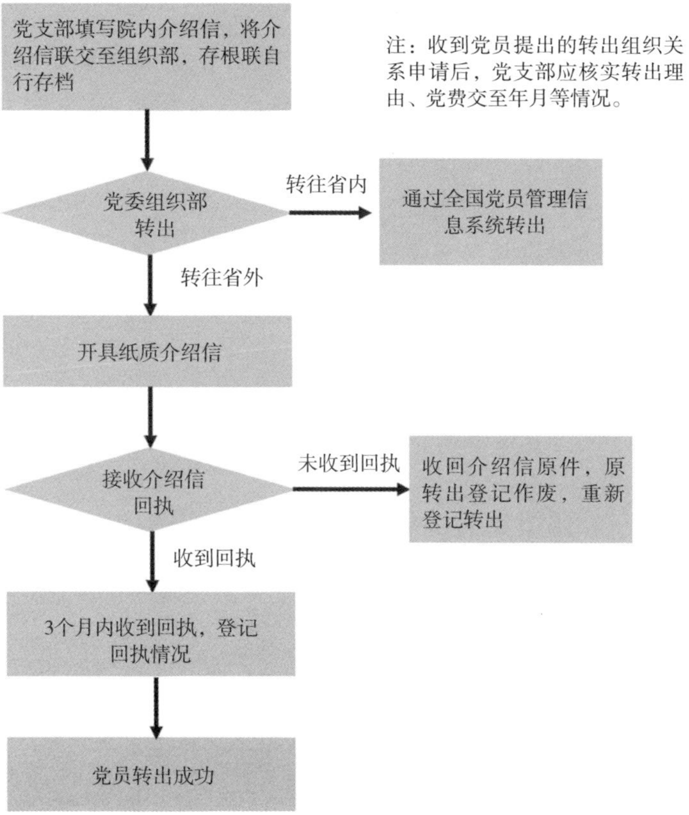

图6-42　党员转出组织关系流程图

（二）转入组织关系

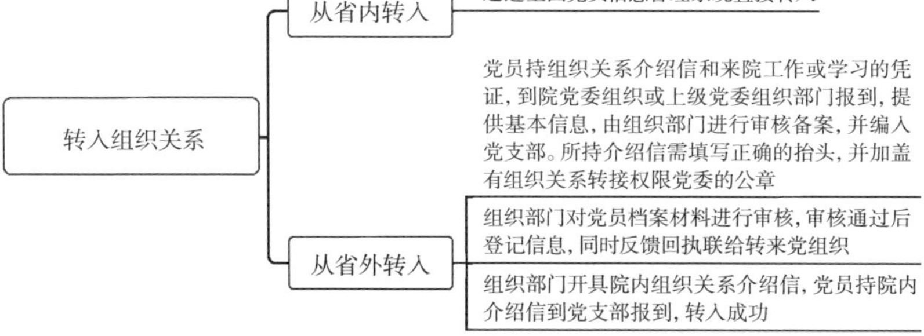

图6-43　转入组织关系的流程

【常见问题】预备党员组织关系如何转接?

根据《中国共产党发展党员工作细则》，发展对象未来三个月内将离开工作、学习单位的，一般不办理接收预备党员的手续。预备期未满的预备党员工作、学习所在单位（居住地）发生变动，应当及时报告原所在党组织。原所在党组织应当及时将对其培养教育和考察的情况，认真负责地介绍给接收预备党员的党组织。党组织应当对转入的预备党员的入党材料进行严格审查，对无法认定的预备党员，报县级以上党委组织部门批准，否则不予承认。基层党组织对转入的预备党员，在其预备期满时，如认为有必要，可推迟讨论其转正，推迟时间不超过六个月。转为正式党员的，其转正时间自预备期满之日起算起。

（三）党员党籍的管理

经党支部党员大会通过、基层党委审批接收的预备党员，自通过之日起，即取得党籍。

1. 出国（境）保留党籍

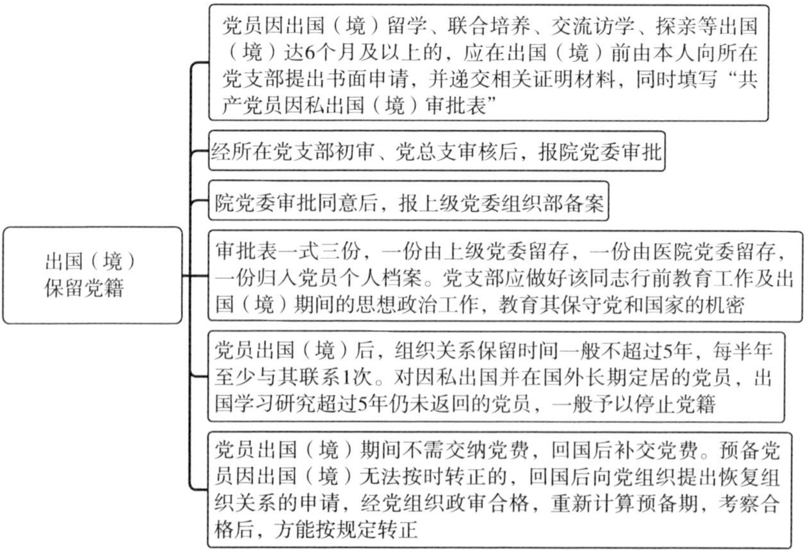

图6-44　办理出国（境）保留党籍流程

2.回国恢复组织生活（党籍）

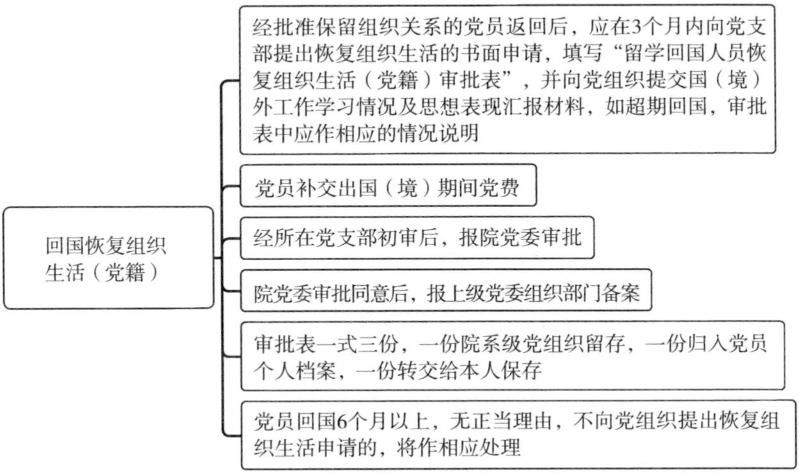

图6－45　办理回国恢复组织生活（党籍）的流程

【常见问题】对于确实无法查找联系的党员党籍如何处理？

（1）对与党组织失去联系6个月以上，通过各种方式查找仍然没有取得联系的党员，由所在党支部召开党员大会，做出停止其党籍的决定，经基层党委审批后，报上一级党委组织部门备案。党员停止党籍2年内，本人与党组织取得联系并书面提出恢复党籍申请的，由所在党支部调查了解相关情况，研究提出意见，经基层党委审查并报上一级党委组织部门批准，可以恢复党籍。停止党籍2年后确实无法取得联系的，按自行脱党予以除名。

（2）对经多方查找确实无法取得联系的出国（境） 党员，由所在党支部召开党员大会，做出停止党籍的决定，经基层党委审批后，报上一级党委组织部门备案。待取得联系后，根据其失联原因、表现情况等，按照相关规定恢复组织生活或者给予组织处置。

四、党费管理

预备党员从党支部党员大会通过其为预备党员之日起交纳党费。党员一般应当向其正式组织关系所在的党支部交纳党费，主动按月足额交纳党费。遇到特殊情况，经党支部同意，可以每季度交纳1次党费，也可以委托其亲属或者其他党员代为交纳或者补交党费。补交党费的时间一般不得超过6个月。

按照中组部《关于中国共产党党费收缴、使用和管理的规定》，每月以工资总额中相对固定的、经常性的工资收入（税后）为计算基数，按规定比例交纳党费。党员交纳党费确有困难的，经党支部研究，报党委批准后，可以少交或者免交党费。

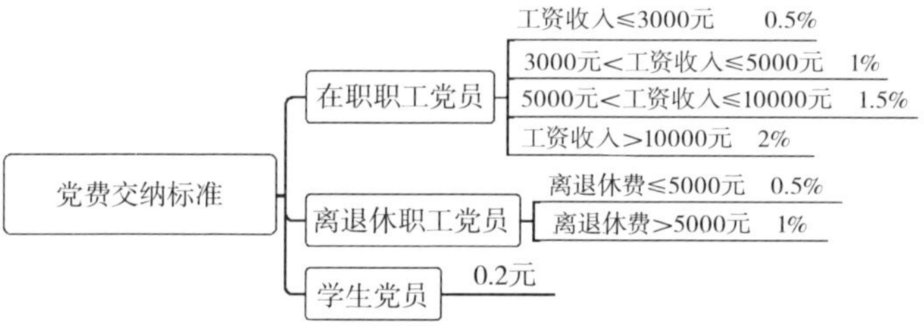

图6–46 党费交纳标准

五、党支部与党员的监督

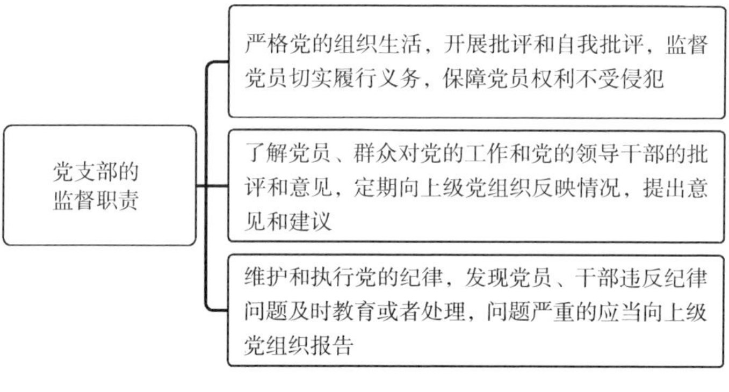

图6–47 党支部的监督职责

- 党员的监督义务
  - 加强对党的领导干部的民主监督，及时向党组织反映群众意见和诉求
  - 在党的会议上有根据地批评党的任何组织和任何党员，揭露和纠正工作中存在的缺点和问题
  - 参加党组织开展的评议领导干部活动，勇于触及矛盾问题、指出缺点错误，对错误言行敢于较真、敢于斗争
  - 向党负责地揭发、检举党的任何组织和任何党员违纪违法的事实，坚决反对一切派别活动和小集团活动，同腐败现象作坚决斗争

图6-48　党员的监督义务

六、对党员的关怀帮扶

- 对党员的关怀帮扶
  - 礼敬尊崇厚待为国家事业作出重大贡献的革命先辈、先贤英烈和英雄人物，褒奖作出贡献、表现突出的党员
  - 对因公殉职、牺牲党员的家庭，逐户逐人建档立卡，掌握其父母和配偶、子女的经济来源以及养老就医、入学就业等情况，明确专人联系，定期跟踪走访，帮助解决实际问题
  - 主动了解掌握生活困难党员情况，组织开展“送温暖、献爱心”和“七一”、元旦、春节等重大节日走访慰问等活动，为生活困难党员提供多种形式的帮助
  - 敬重关爱老党员，按照规定范围，及时向老党员传达党的路线方针政策、上级党组织的决议和有关文件精神，注意听取他们的意见建议。热情为老党员提供学习教育、文体活动、健康咨询、心理慰藉等服务。经常上门看望重病、高龄、失能等特殊困难的老党员，通过党员义工、志愿服务等方式，给予关心照顾。派人或者采取适当方式探望抚慰临终党员，吊唁去世党员并慰问其亲属
  - 关心关怀党员身心健康状况，及时了解掌握党员身患严重疾病、遭遇重大挫折、遭受家庭重大变故、经历重大自然灾害或者事故以及长期承担急难险重任务等情况，对于遭受严重心理创伤的党员，及时采取有效措施进行心理疏导和干预
  - 在培养发展入党和党员转接组织关系、获利功勋荣誉表彰时，派人与其谈心谈话，给予鼓励鞭策。在党员受到组织处理、纪律处分，或者发现有苗头性倾向性问题时，及时谈话提醒，进行教育帮助。严肃查处诬告陷害行为，及时为受到不实反映的党员澄清正名、清除影响
  - 合理安排党员参加入职、岗位、晋职等培训，鼓励支持党员参加继续教育，积极为党员职业发展创造良好条件

图6-49　对党员的关怀帮扶

第六节　党支部的群众工作和思想政治工作

一、教职工思想政治工作

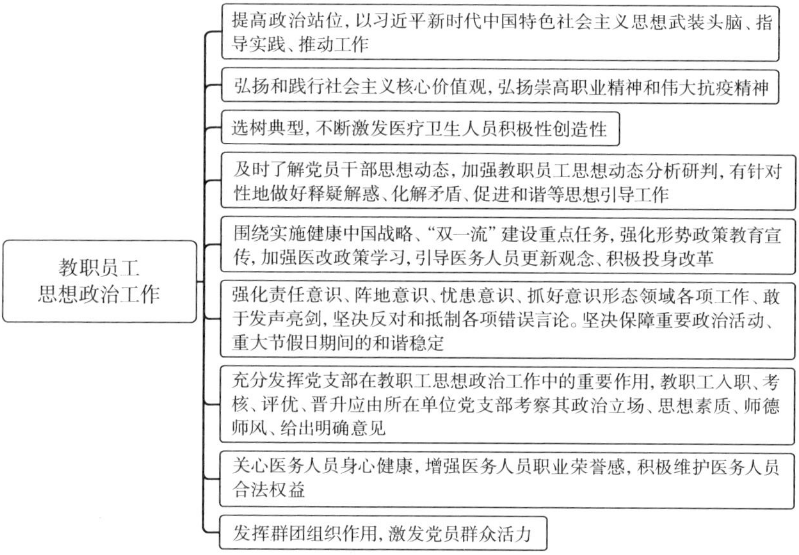

图6-50　教职员工思想政治工作的内容

二、统一战线工作

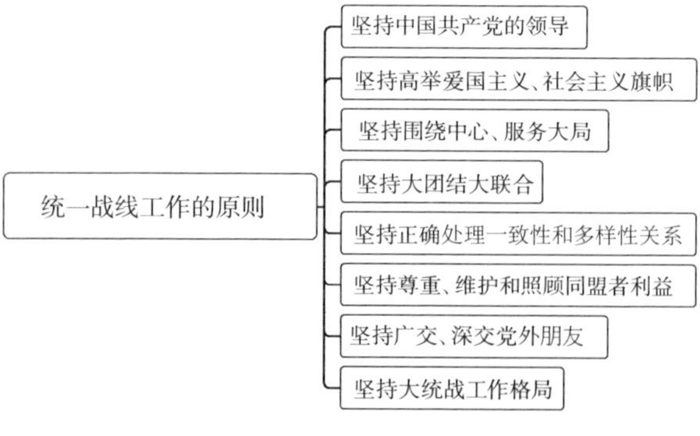

图6-51　统一战线工作的原则

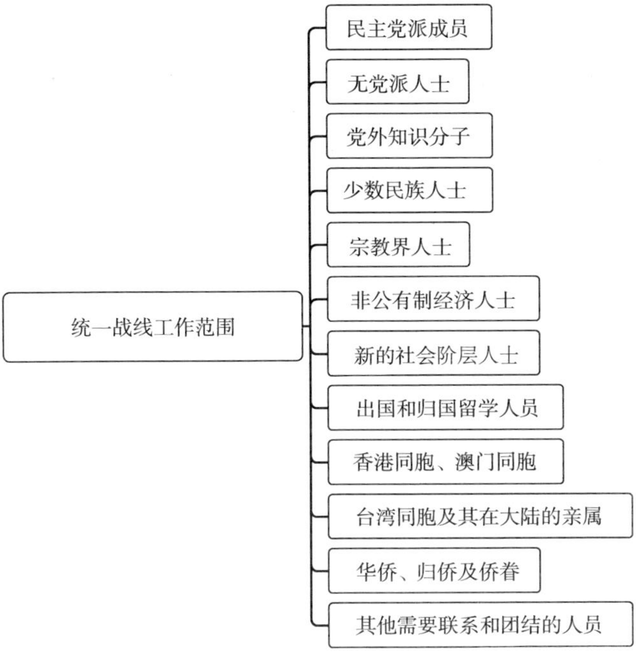

图6-52 统一战线工作的范围

三、群团工作

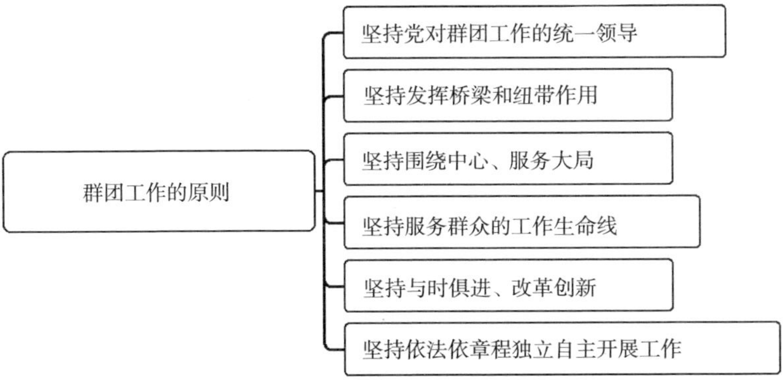

图6-53 群团工作的原则

第七节　党支部工作的考核和党建经费的使用

一、党支部工作的考核

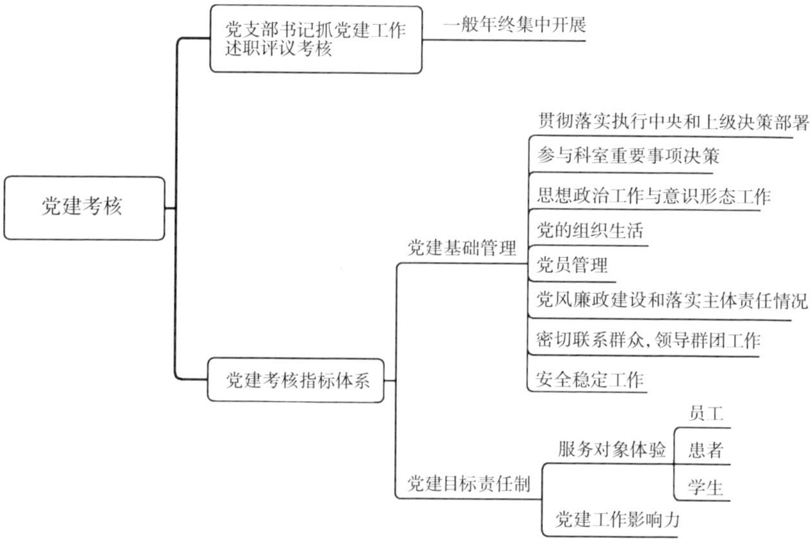

图6–54　党建考核的主要内容

二、党建活动经费的使用

表 6–3　党员活动费和党建活动经费的区别

	党员活动费	党建活动经费
经费来源	上级党组织以上一年度上交的党费为基数，按照一定比例划拨给医（学）院党委	上级党组织按照一定标准划拨党建专项经费 医院党委按一定标准划拨党建活动经费额度

续表

	党员活动费	党建活动经费
使用依据	《关于中国共产党党费收缴、使用和管理的规定》《中央组织部办公厅关于进一步规范党费工作的通知》《关于向党支部拨付的活动经费使用管理有关问题的答复意见》	参照《中央和国家机关基层党组织党建活动经费管理办法》执行
使用范围	1.订阅或购买用于开展党员教育培训的报刊、资料、音像制品和设备 2.购买党徽党旗 3.教育培训党员和入党积极分子、基层党务工作者所产生的住宿费、伙食费、交通费、师资费、场地费、资料费、门票费、讲解费等 4.开展“三会一课”、创先争优、党组织换届以及党内集中学习教育所产生的会议费等 5.党内表彰所需费用 6.补助生活困难党员 7.修缮、新建基层党组织活动场所、为活动场所配备必要设施等所产生的相关费用 8.上级文件要求的从党费中支出的其他费用	报销党建活动（党建活动，是指基层党组织开展的“三会一课”、主题党日活动、党员和入党积极分子教育培训、学习调研等活动）产生的租车费、城市间交通费、伙食费、住宿费、场地费、讲课费、资料费和其他费用

使用党建活动经费的注意事项

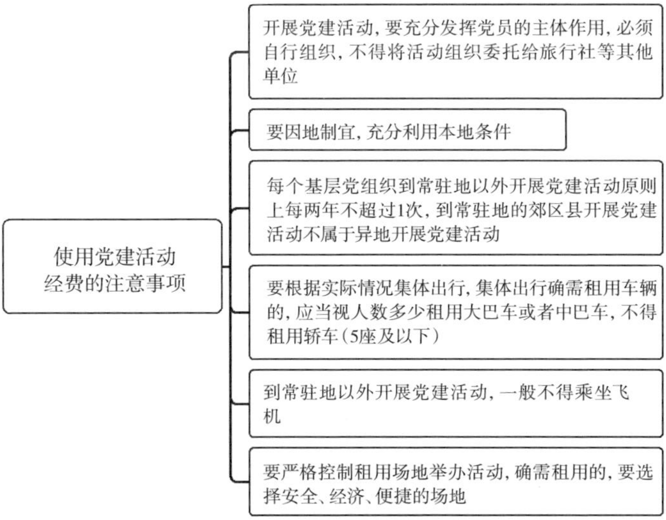

图6–55　使用党建活动经费的注意事项

第八节　常用工作规范参考

一、党支部选举工作文书（参考模板）

（一）关于成立党支部的请示（参考模板）

关于成立×××党支部的请示

×××党委：

……（科室或部门简要情况介绍）。我科室（部门）现有中共党员×人，其中，正式党员×人，预备党员×人，……。为了加强对党员的教育和管理，根据《中国共产党章程》和《中国共产党支部工作条例（试行）》等文件的规定，决定成立×××党支部。拟按规定设立支部委员会，并通过党员大会选举产生。支部委员会委拟设委员×名，其中书记1名。

妥否，请批复。

（单位或部门）

××××年×月×日

（二）关于设立党支部委员会的请示（参考模板）

关于设立×××党支部委员会的请示

×××党委：

……（党支部简要情况介绍）。我支部现有党员×人。其中，正式党员×人，预备党员×人，……。为了加强党支部建设，依据《中国共产党章程》《中国共产党支部工作条例（试行）》和《中国共产党基层组织选举工作条例》等文件的规定，我支部于×月×日召开了党员大会，研究制定了设立×××党支部委员会的工作方案。

我支部拟于××××年×月×日召开党员大会，选举支部委员会委员；支部委员会委拟设委员×名，其中设书记1名。按差额不少于20%的比例，提名委员候选人×名，差额×名。候选人预备人选将在党员大会酝酿和推荐基础上，上报审核。待审查同意后组织党员酝酿确定候选人，由党员大会选举产生支部委员会委员；选举产生的支部委员会召开第一次全体会议，等额选举产生支部书记。具体选举办法附后。

妥否，请批复。

×××党支部

××××年×月×日

（三）关于党支部启动换届选举工作的请示（参考模板）

×××党支部关于召开党员大会进行换届选举工作的请示

×××党委：

×××党支部本届支部委员会于××××年×月×日成立，根据党章及有关规定，已任期届满。×月×日我们召开了支部委员会会议，研究制订了支部委员会换届工作方案。

我支部拟于××××年×月×日召开党员大会，选举产生新一届支部委员会。支部现有党员×名，其中正式党员×名；下届支部委员会拟设委员×名，其中设书记1名。按照差额不少于20%的比例，提名支部委员会委员候选人×名，其中，差额×名。支部党员大会酝酿和推荐，由本届支部委员会进行汇总和审查，研究提出新一届委员会组成人员候选人预备人选名单，上报审核。待审查同意后组织党员酝酿确定候选人，由党员大会选举产生新一届支部委员会委员；新一届支部委员会召开第一次全体会议，等额选举产生支部书记。具体选举办法附后。

妥否，请批复。

×××党支部

××××年×月×日

（四）关于补选党支部委员的请示（参考模板）

×××党支部关于补选支部委员的请示

×××党委：

×××党支部现有党员××名，其中正式党员×名，支部委员会由×人组成。按照党章规定，本支部委员会到××××年×月×日任届期满。因……原因，×××同志调离工作岗位，党支部委员会缺额×名。为了保证支部工作的有序开展，经支部委员会讨论研究，拟定于××××年×月×日召开党员大会，补选党支部委员1名。具体选举办法附后。

妥否，请批复。

×××党支部

××××年×月×日

（五）关于党支部委员会候选人预备人选的请示（参考模板）

关于×××党支部新一届委员会委员候选人预备人选的请示

×××党委：

根据×××党委关于我支部委员会设立（或换届选举工作）的批复，党支部委员会做了认真研究，并组织全体党员对支部委员候选人预备人选进行了推荐和酝酿。在此基础上，根据多数党员的意见，按不少于20%的差额的要求，确定支部委员会委员候选人预备人选为：×××、×××、……（按姓氏笔画排序）。

党支部书记候选人预备人选为×××。

妥否，请批复。

附件：新一届支部委员会委员候选人预备人选信息表

×××党支部

××××年×月×日

附件

×××党支部新一届委员会委员候选人预备人选信息表
（按姓氏笔画为序）

序号	姓名	部门/科室	职务	性别	民族	出生年月	参加工作时间	入党时间	学历	专业技术职务
1										
2										
3										
4										
5										
6										

（六）党支部委员会委员选票（参考模板）

×××支部委员会委员选票
（按姓氏笔画为序）

符号							
候选人姓名	×××	×××	×××				

符号							
另选人姓名							

注：

1.支部委员候选人××名，应选××名，差额××名，每张选票上所选的人数，等于或少于应选人数，为有效票；多于应选人数，为无效票。

2.对候选人赞成的，在其姓名上边的空格内划“○”；对候选人不赞成的，在其姓名上边的空格内划“×”；不作任何标记，视为弃权。如另选他人，就在另选人空格内写上另选人的姓名，并在其姓名上边的空格内划“○”；弃权的，不能另选他人。

×××党支部

××××年××月××日

（七）党支部（换届）选举党员大会主持词（参考模板）

×××支部（换届）选举党员大会主持词

同志们：

今天召开××××党支部党员大会。请计票人员清点人数。

大会应到党员××名，因病、因事请假××名，实到会××名，超过全体党员的五分之四，可以开会。

本次会议共有2项议程：

1. 本届党支部委员会向党员大会做工作报告。（首次成立支部委员会时无此项议程）

2. 选举新一届党支部委员会。

一、本届党支部委员会工作报告

下面进行会议第一项，请×××同志代表本届党支部委员会向党员大会做工作报告。

……

请大家对本届党支部委员会工作报告进行讨论。

……

大家有什么意见请发表。

（稍停）没有。

现在进行表决：同意的请举手。

（稍停）请放下。

不同意的请举手。

（稍停）没有（或者请放下）。

弃权的请举手。

（稍停）没有（或者请放下）。

通过。

二、选举新一届支部委员会

（一）通过大会《选举办法》

下面会议进行第二项，审议通过会议选举办法。请×××同志宣读选举办法（草案）。

……

大家有什么意见请发表。

（稍停）没有。

现在进行表决：

同意的请举手（请放下）。

不同意的请举手（没有或请放下）。

弃权的请举手（没有或请放下）。

一致通过（或通过）。

（二）通过大会监票人名单

下面进行会议第三项，通过会议监票人、计票人名单。会议设监票人1名，对选举过程进行全程监督。提议由×××同志担任监票人。

大家有什么意见请发表。

（稍停）没有。

现在对监票人人选进行表决：

同意的请举手。（稍停）请放下。

不同意的请举手。（稍停）没有或请放下。

全体通过（或通过）。

另外，根据工作安排，指定了×××名计票工作人员，他们在监票人的监督下进行选举计票工作。

（宣读大会的计票人员名单）。

大家有没有意见？

没有意见，鼓掌通过。

（三）通过支部委员候选人名单

按照党章和上级的规定和要求，支部委员会经充分酝酿讨论并报院党委，提出了新一届支部委员候选人预备人选名单。

（宣读《关于××××的批复》）

同意的请举手（请放下）；

不同意的请举手（没有或请放下）；

弃权的请举手（没有或请放下）。

一致通过（或通过）。

（四）大会进行正式选举

请监票人和计票人就位。

（以下画线处由监票人宣读）

1.请计票人清点到会党员人数。

今天出席会议的党员×××名，超过应到会党员的五分之四，符合规定人数，可以进行选举。

2.请监票人检查票箱。

3.请计票人领取选票并向党员分发选票。

4.请党员核对选票。

各位党员都领到选票没有？如有，请举手。（稍停）没有。

5.宣读填写选票注意事项。

（各位党员听清楚了没有？不清楚的，请举手。没有，请各位党员填写选票。）（稍候）

6.投票。

（投票完毕）

现在请监票人、计票人计票。

（五）宣读计票结果

1.现在计票已经完毕，请监票人宣读计票结果（以得票多少为序）。

（监票人宣读计票结果报告单。）

2.现在宣布支部委员当选人名单（以姓氏笔画为序）。

（宣读选举结果报告单。）

（八）党支部选举办法（参考模板）

×××党支部选举办法

（参考稿）

根据《中国共产党章程》和《中国共产党基层组织选举工作条例》有关规定，制定本办法。

一、本次党员大会选举产生××支部新一届支部委员会委员××名。

二、党支部委员候选人预备人选名单，根据上一届支部委员会提名推荐和充分酝酿并报院党委，根据多数党员的意见确定候选人，提交大会进行选举。

三、大会以无记名投票方式进行直接差额选举，委员候选人差额不少于应选人数的百分之二十，委员候选人××名，应选××名，差额××名。

四、选票上的候选人按照姓氏笔画为序排列。

五、出席本次党员大会的正式党员有选举权，因故未出席会议的不能委托他人代为投票。凡本支部正式党员均有被选举权（在留党察看期间者除外）。党员对候选人可以投赞成票或不赞成票，也可以投弃权票。对候选人赞成的，在其姓名上方的空格栏内划“○”，不赞成划“×”，不作任何标记，视为弃权。如要另选他人，请在另选人栏内写上另选人姓名，并在其姓名上方的空格栏内划“○”。每一选票上所选的人数，等于或少于应选人数，为有效票；多于应选人数，为无效票。

填写选票要用钢笔或签字笔，符号要准确，笔迹要清楚，完全书写模糊无法辨认的选票，全票无效；部分书写模糊无法辨认的选票，可辨认部分为有效，无法辨认的部分为无效。

六、正式选举时，参加选举的党员必须超过应到党员的五分之四，方可进行选举。收回的选票多于发出的选票，选举无效，应重新选举。被选举人获得的赞成票超过实际到会人数的一半，始得当选。获得到会人数一半以上赞成票的被选举人数多于应选名额时，以得票多的当选。如遇票数相等不能确定当选人时，应就票数相等的被选举人重新投票，得票多的当选。如果得票超过半数的候选人少于应选名额时，不足的名额可以在得票未超过半数的候选人中重新选举产生。当选人数如果接近应选名额（指仅差一人时），通过举手表决，征得半数以上党员同意，也可以不再进行委员的选举，在适当时候增补。

七、选举设监票人××名，监票人对选举全过程进行监督。监票人从不是候选人的党员中推选，监票人需经大会通过。选举设计票人××名，计票人由大会指定。

八、监票人以得票多少为序，向大会报告选举结果；大会主持人以姓氏笔画为序，向大会分别宣布当选的支部委员名单。

九、本选举办法经党员大会讨论通过后生效。

十、本选举办法未尽事宜，由支部委员会研究，经多数党员同意后做出决定。

×××党支部

××××年××月××日

（九）党支部委员会换届选举结果的报告（参考模板）

关于×××党支部委员会（换届）选举结果的报告

×××党委：

我支部于××××年×月×日召开了党员大会，选举支部委员会委员。支部现有党员×名，其中正式党员×名。应到会有选举权的党员×名，实到会有选举权的党员×名，有选举权的到会人数超过应到会人的五分之四，会议有效。会议按照党章和《中国共产党基层组织选举工作条例》有关规定，经与会党员充分酝酿讨论，根据多数选举人的意见确定候选人之后，采用无记名投票直接差额选举，选举×××、×××……×位同志（按姓氏笔画排序）为新的一届支部委员会委员。

×月×日，新当选的支部委员会委员召开了第一次会议，选举×××同志为支部书记，并做出以下分工：×××同志担任组织委员，×××同志担任宣传委员，×××同志担任纪检委员，×××同志担任青年委员。名单及得票数附后。

特此报告。

附件：1.×××党支部新一届委员会选举结果报告单

2. ×××支部委员会书记选举结果报告单

×××党支部

××××年×月×日

附件1

×××支部委员会新一届委员会委员

选举结果报告单

本次大会实到党员××名，发出选票××张，收回选票××张，其中有效票××张，无效票××张。

候选人赞成票数如下：

得票数						
候选人姓名						

另选人得赞成票数如下：

得票数						
另选人姓名						

××××年××月××日

附件2

×××支部委员会书记选举结果报告单

本次支部委员会应到委员××名，实到委员××名，发出选票××张，收回选票××张，其中有效票××张，无效票××张。

候选人赞成票数如下：

得票数	
候选人姓名	

另选人得赞成票数如下：

得票数	
另选人姓名	

×××党支部

××××年×月×日

二、发展党员工作文书（参考模板）

（一）入党积极分子 / 预备党员培养教育考察登记表的填写说明及样表

入党积极分子
预　备　党　员　培养教育考察登记表

定为入党积极分子时间：　　年　　月　　日

批准为预备党员时间：　　年　　月　　日

（以上两时间相隔一年以上）

单　　位　××××党支部

姓　　名　（与居民身份证一致）

说　明

1.凡被定位入党积极分子、已批准入党的预备党员，均要填写此表。

2.“家庭主要成员”指父母（养父母）、配偶、子女和长期在一起生活的受本人抚养或供养的其他人。“主要社会关系”指与本人往来较多，关系亲密的亲属、亲友及其他人。填写“家庭主要成员”和“主要社会关系”的内容：姓名、单位、职业、政治面貌，与本人的关系。

3.对入党积极分子、预备党员的培养、教育考察情况，以及本人的现实表现，应实事求是，简明扼要地定期填写在“考察情况”栏内。考察人的姓名、职务、培养人应填写清楚。

4.入党积极分子、预备党员调动时，应将此表随同本人写的申请书、自传等材料一同转至新单位党组织。不再作为入党积极分子的，登记表由党支部负责销毁。

5.吸收入党积极分子入党时，此表同“入党志愿书”一并上报党委。预备党员转正后，此表存入本人档案。

<table>
<tr><td>姓　名</td><td>与居民身份证一致</td><td>性　别</td><td></td><td>民　族</td><td>×族
（写全称）</td></tr>
<tr><td>出生年月</td><td>××年×月
（与身份证一致）</td><td>原　籍</td><td>××省××县
（填写到县区）</td><td>出生地</td><td>××省××县
（填写到县区）</td></tr>
<tr><td>现任职务
（职称）</td><td colspan="3"></td><td>文化程度</td><td>研究生/本科</td></tr>
<tr><td>有何专长</td><td></td><td>参加工作时间</td><td>××××年×月</td><td>入团时间</td><td>××××年×月</td></tr>
<tr><td>何时何种方式提出入党申请</td><td colspan="2">某年某月某日书面提交入党申请书</td><td>定为入党积极分子时间</td><td colspan="2">××××年×月
（与封面时间一致）</td></tr>
<tr><td rowspan="2">培养（联系）人情况</td><td>姓名</td><td></td><td>党内外职务
（职称）</td><td colspan="2"></td></tr>
<tr><td>姓名</td><td></td><td>党内外职务
（职称）</td><td colspan="2"></td></tr>
<tr><td>本人简历</td><td colspan="5">注意事项：
1.“本人经历”包括个人的学习经历、参加工作的经历，一般应从上小学开始填起，起止年月要衔接。
2.“何地、何单位”应填写全称；任何职应写明具体职务，兼职较多者填写主要职务，取得的学位应在相应栏目内注明；在职学习或挂职工作经历应在相应栏目内写明；参加函授、自考等学习经历的也应填写。
3.“证明人”应填写熟悉本人情况的人（非本人亲属）或在一起学习、工作过的同学、同事、领导等，经历应填写到目前为止。

示例：
2014年9月至2017年6月，四川大学华西临床医学院（华西医院）读书（硕士），证明人：XXX</td></tr>
</table>

政治历史上有何重大问题结论如何	如无重大政治历史问题的填“无”。
家庭主要成员的职业和政治情况	家庭主要成员写父母、配偶、子女等； 内容包括：关系、姓名、政治面貌、单位或居住地等。
主要社会关系的职业和政治情况	1.本人的旁系亲属，指直系亲属之外的岳父母/公婆，成年的兄弟姐妹，伯叔姑姨舅等。 2.本人纯社会关系。包括和本人关系较密切，或本人受其影响较大的师友、同学等。
何时何地因何原因受过何种奖励	示例：2015年5月，被评为四川大学“优秀学生” 备注：一般填写比较重要的奖项（院级以上的奖励）；应写明受奖励的时间、经何单位批准、获奖名称等。
何时何地因何原因受过何种处分	没有应写“无”（居中填写）
在重大政治斗争中有何问题结论如何	没有应写“无”（居中填写）

<table>
<tr><th colspan="2">确定为入党积极分子的党组织意见</th></tr>
<tr><td>主要优缺点</td><td>实事求是，力求客观具体，不夸大成绩，不隐藏缺点。</td></tr>
<tr><td>党小组意见</td><td>未设党小组的可不填此栏；主要优缺点也可以在此栏继续填写。

党小组长签名________________

年 月 日</td></tr>
<tr><td>党支部意见</td><td>写明“同意定为入党积极分子”，并签名；
注意此栏时间与本表封面时间一致。

党支部书记签名________________

年 月 日</td></tr>
</table>

考 察 情 况（每半年填写一次）
示例： 这段时期内××同志积极向党组织靠拢，有意识地培养自己作为一名共产党员应有的素质，继续加强理论方面的学习，在实践中不断完善与超越自我。在生活中，继续发扬自身优点，团结同志，共同进步。希望能持之以恒，在今后的工作生活中，多做自我剖析。除思想政治表现外，也可加入工作现实表现情况。 考察人签名：××× ××年××月××日 注意： 两名培养联系人应分别填写意见，并签署姓名和日期。

群 众 意 见
群众意见由两名以上党员主持征集，做好记录，记录人在本页签名、签时间；记录应是原始、具体、客观的，避免加入记录人主观概括意见，可另附页。 时间：　年　月　日　时 地点： 主持记录人：×××　××× 到会人员： 张××：…… 李××：…… 综合记录人________________ 年　月　日
综 合 政 审 情 况
对其父、母、配偶等进行函调或外调情况，包括调查的方式，政审中提出的问题，政审的结论等； 党支部对xxx同志入党问题的综合意见填写在此栏，包括其本人对党的理论和路线、方针、政策的态度，以及政治历史情况等。 党支部负责人________________ 年　月　日

预备党员培养教育考察情况表

<table>
<tr><td>被批准为预备党员时间</td><td colspan="2">支部大会表决通过时间</td><td>应按时转正时间</td><td>一般为预备期满一整年的时间</td></tr>
<tr><td rowspan="2">入党介绍人</td><td>姓名</td><td></td><td>党内外职务（职称）</td><td></td></tr>
<tr><td>姓名</td><td></td><td>党内外职务（职称）</td><td></td></tr>
<tr><td colspan="5">

被批准为中共预备党员时的主要优缺点

请在党委对新发展党员审批完成并转回材料后填写此栏；
对于即将毕业或离开本支部的新党员，请支部填好本页后再寄出党员材料。

党支部书记签名（盖章）________________

年　　月　　日
</td></tr>
</table>

预备党员考察情况（每季度填写一次）
在积极分子时期培养考察基础上，预备党员的培养考察应结合入党时的优缺点突出思想境界，理论水平，工作能力层次上的提高，体现更强的针对性，体现更高的水平和新进步。继续注意时间上的连续性、连贯性、及时性，考察意见要具体、客观。 预备期间其入党介绍人调离本单位、无法继续履行入党介绍人的责任时，支部应重新指定正式党员担任入党介绍人。 入党介绍人应对预备党员能否按期转正或延长预备期或取消预备资格写出意见，并签名、签时间。 对毕业班的预备党员在毕业前不到转正时间的，支部也应按季度填写培养考察情况，以便于组织关系转接后新单位的党组织了解情况。 样式： 介绍人1：×××同志…… 介绍人签名 ××××年××月××日 介绍人2：×××同志…… 介绍人签名 ××××年××月××日 年　　月　　日

预备党员考察情况（每季度填写一次）
党支部对预备党员综合考察意见   支部名称： 支部书记：

（二）入党志愿书的填写说明及样表

中国共产党

入 党 志 愿 书

申请人姓名____×××____

说　明

一、申请人填写入党志愿书要严肃、认真、忠实。填写前，党支部负责人或入党介绍人应将表内项目向申请人解释清楚。

二、填写入党志愿书须使用钢笔、签字笔或毛笔，并使用黑色或蓝黑色墨水。字迹要清晰、工整。表内的年、月、日一律用公历和阿拉伯数字。表内栏目没有内容填写时，应注明“无”。个别栏目填写不下时，可加附页。

三、在上级党组织批准预备党员转为正式党员后，应及时将入党志愿书存入本人档案，没有档案的，由基层党委保存。

誓　词

我志愿加入中国共产党，拥护党的纲领，遵守党的章程，履行党员义务，执行党的决定，严守党的纪律，保守党的秘密，对党忠诚，积极工作，为共产主义奋斗终身，随时准备为党和人民牺牲一切，永不叛党。

<table>
<tr><td>姓名</td><td>与居民身份证一致</td><td>性别</td><td></td><td rowspan="4">正面免冠照片
（2寸）</td></tr>
<tr><td>民族</td><td>×族
（写全称）</td><td>出生年月</td><td>××××年×月
（与身份证一致）</td></tr>
<tr><td>籍贯</td><td>（填写到县区）</td><td>出生地</td><td>（填写到县区）</td></tr>
<tr><td>学历</td><td>填写已经获得的
最高学历</td><td>学位
或职称</td><td>已经取得的最高学位，
没有的则不填</td></tr>
<tr><td colspan="2">单位、职务或职业</td><td colspan="3">（有职务的填）</td></tr>
<tr><td colspan="2">现居住地</td><td colspan="3">详细地址</td></tr>
<tr><td colspan="2">居民身份证号码</td><td colspan="3">××××××××××××××××××</td></tr>
<tr><td colspan="2">有何专长</td><td colspan="3"></td></tr>
</table>

入党志愿

“入党志愿”：着重填写本人对党的认识、思想发展过程和对入党问题的态度。具体可参看以下说明。

●**提醒：**

·切忌抄袭，无须华而不实地寻章摘句，应实事求是；

·注意篇幅，至少应写到志愿书空白栏最后一页2/3处；

·按照规范要求，末尾落款人、年月日均不填写；

·填写入党志愿书一定要认真，使用黑色签字笔，字迹端正、清楚，尽量不要涂改。

●格式及内容：

1.入党志愿不要求写“入党志愿”等标题以及“敬爱的党组织”等称呼，直接写正文即可，注意要使用第一人称。

2.正文主要内容：一是对入党的态度，一般第一段要明确写出自己对党的态度，即“我志愿加入中国共产党”。二是对党的认识。这部分主要包括：如何认识党的性质、党的纲领和章程（一定要用最新党章的表述）；如何认识党史，尤其是亲身经历过的重大历史事件；如何认识党的领导和现行的路线、方针、政策。三是入党动机。一般来讲，一个人最初的入党动机是各种因素的综合，往往有从不端正到端正的过程。因此应对每一因素进行分析，写出达到最终正确入党动机的思想演变过程，必要时有一定的理论论述。四是本人的优缺点，要一分为二地看待自己的优点，并逐一做出深入的分析，要有发扬优点、克服缺点的决心和措施。五是入党的决心。填写入党志愿书只是申请入党的同志必须履行的入党手续，即使在组织上入了党，思想上是否入党还要看入党后的言行，因此在入党志愿中还要表明自己有不被接受的思想准备，表明入党后的态度或决心等。

●注意事项：

1.入党志愿与入党申请书是有区别的，不能把入党申请书内容照抄变成入党志愿内容，入党志愿是申请人提出入党申请后，经过了党组织的培养、教育和考察后填写的，因此，入党志愿在思想认识和政治觉悟上理应比提出入党申请时有较大的提高。

2.填写入党志愿要在入党申请书、思想汇报等基础上进一步加工提炼、字斟句酌，把自己最想向党组织表达的思想写出来。

3.入党志愿有规定的篇幅，不像其他材料可以不受字数限制地填写，因此最好先拟好草稿再誊写，同时要注意字数。

4.入党志愿的内容要体现时代性，反映思想实际。引用党的性质、指导思想等，一定要与现行的党章一致。

本人经历（包括学历）			
自何年何月	至何年何月	在何地、何单位、任何职	证明人
1991年9月	1997年6月	××县（市）××小学　班长	×××
1997年9月	2000年6月	××县××初级中学　团支书	×××
2000年9月	2003年6月	××县××高级中学　学习委员	×××
2003年9月	2014年6月	××大学××学院　学生会主席	×××
20014年7月	至今	××大学××医院　主治医师	×××
以下空白			

●**注意事项：**

1.“本人经历”包括个人的学习经历、参加工作的经历，一般应从上小学开始填起，起止年月要衔接。

2.“何地、何单位”应填写全称；任何职应写明具体职务，兼职较多者填写主要职务，取得的学位应在相应栏目内注明；在职学习或挂职工作经历应在相应栏目内写明；参加函授、自考等学习经历的也应填写。

3.“证明人”应填写熟悉本人情况的人（非本人亲属）或在一起学习、工作过的同学、同事、领导等，经历应填写到目前为止。

何时何地加入中国共产主义青年团	××××年××月××日在××市××学校加入中国共产主义青年团。（可查团员证）
何时何地参加过何种民主党派或工商联，任何职务	没有应写“无”（居中填写）
何时何地参加过何种反动组织或封建迷信组织，任何职务，有何活动，以及有何其他政治历史问题，结论如何	没有应写“无”（居中填写）
何时何地因何原因受过何种奖励	示例：2015年5月，被评为四川大学“优秀学生” 备注：一般填写比较重要的奖项（院级以上的奖励）；应写明受奖励的时间、经何单位批准、获奖名称等
何时何地何原因受过何种处分	没有应写“无”（居中填写）

<table>
<tr><td rowspan="10">家庭主要成员情况</td><td rowspan="4">配偶</td><td>姓名</td><td>未婚填写“无”</td><td>民族</td><td></td><td>出生年月</td><td></td></tr>
<tr><td>籍贯</td><td colspan="2">（具体到县区）</td><td>学历</td><td colspan="2">（填写最高学历）</td></tr>
<tr><td colspan="2">参加工作时间</td><td>（具体到月）</td><td>政治面貌</td><td colspan="2"></td></tr>
<tr><td colspan="2">单位、职务或职业</td><td colspan="4">××××××</td></tr>
<tr><td rowspan="6">其他成员</td><td>关系</td><td>姓名</td><td>出生年月</td><td>政治面貌</td><td colspan="2">单位、职务或职业</td></tr>
<tr><td>父亲</td><td>×××</td><td>××年××月</td><td>中共党员</td><td colspan="2">××县××中学，教师</td></tr>
<tr><td>母亲</td><td>×××</td><td>××年××月</td><td>群众</td><td colspan="2">××县××镇××村，务农</td></tr>
<tr><td>儿子</td><td>×××</td><td>××年××月</td><td>群众</td><td colspan="2">××小学，学生</td></tr>
<tr><td></td><td></td><td></td><td></td><td colspan="2"></td></tr>
<tr><td></td><td></td><td></td><td></td><td colspan="2"></td></tr>
<tr><td colspan="2" rowspan="6">主要社会关系情况</td><td>舅舅</td><td>×××</td><td>××年××月</td><td>群众</td><td colspan="2">××省××县××镇××村，务农</td></tr>
<tr><td></td><td></td><td></td><td></td><td colspan="2"></td></tr>
<tr><td></td><td></td><td></td><td></td><td colspan="2"></td></tr>
<tr><td></td><td></td><td></td><td></td><td colspan="2"></td></tr>
<tr><td></td><td></td><td></td><td></td><td colspan="2"></td></tr>
<tr><td></td><td></td><td></td><td></td><td colspan="2"></td></tr>
</table>

<table>
<tr><td>需要向党组织说明的问题</td><td>注：如没有需要向组织说明的问题，填写“无”，位置居中。

无</td></tr>
<tr><td colspan="2">注：应清晰地签名，时间为表格填写至此的时间。

本人签名或盖章 <u>× × ×</u>　　　　××××年××月××日</td></tr>
</table>

<table>
<tr><td>入党介绍人意见</td><td>(仅供参考)自××年×月×日向党递交了入党申请书以来,×××在政治思想行动上能自觉同党中央保持一致,增强“四个意识”,坚定“四个自信”,做到“两个维护”,认真学习党的理论方针政策。我认为该同志对党的认识明确,入党动机端正。担任XX,能够严格要求自己,尽职尽责,尤其在医疗新技术的探索和开展方面带头,在工作中较好地发挥了先锋模范作用。缺点是工作中的计划性和细致性不够。用党章规定的党员标准全面衡量×××,我认为他已基本具备了共产党员的条件,我愿意介绍其加入中国共产党。

介绍人单位、职务或职业 ××××科副主任
签名或盖章 ××× ××××年××月××日</td></tr>
<tr><td></td><td>(仅供参考)×××对党有明确的认识,具有马克思主义信仰和中国特色社会主义信念,自觉践行社会主义核心价值观。他在大是大非面前头脑清醒,立场坚定,平时能够自觉用共产党员的标准要求自己,能正确处理集体利益和个人利益的矛盾,在评奖评优过程中不计较个人得失,表现出了较高的思想素质。在科研工作中勤于钻研,取得xxxxx,群众基础好。缺点是工作中有时不够细致。总的来说,我认为×××同志已具备了共产党员的条件,我愿意介绍其加入中国共产党。
(备注:填写介绍人了解和掌握的申请人的入党动机、思想品质、现实表现等情况,对是否同意介绍其入党表明意见,介绍人必须由本支部正式党员担任。介绍人意见在最后表态写明是否愿意介绍其入党。一定要填写上介绍人所在单位、职务或职业并签名或盖章,时间是在前页入党人落款时间之后。)

介绍人单位、职务或职业 ××××××党支部委员
签名或盖章 ××× ××××年××月××日</td></tr>
</table>

支部大会通过接收申请人为预备党员的决议
（仅供参考）×××同志自递交入党申请书以来，积极向党组织靠拢，经常向党组织汇报思想，自觉用党员标准严格要求自己，入党动机端正，入党信念坚定。该同志一直以来能够认真学习党的基本理论和基本知识，不断提高对党的认识和政治理论水平。工作认真负责，不计较个人得失，有奉献精神。乐于帮助和团结同事，群众基础良好。主要缺点是开展批评不够大胆。 党支部于××年××月××日召开全体党员大会，大会应到有表决权的党员×名，实到会×名。大会采取无记名投票的方式进行了表决。表决结果：×票赞成，×票反对，×票弃权。 大会希望×××同志入党后，在工作上克服XXX缺点。 支部名称 ××学院××支部　　支部书记签名或盖章 ××× （该时间应为党支部召开大会的时间）→ ××××年××月××日
上级党组织指派专人进行谈话情况和对申请人入党的意见
（仅供参考）受院XX党委/党总支指派，×月×日与×××同志进行了谈话。主要是了解其对党的认识、入党信念、入党动机、思想觉悟和对党的基本知识掌握情况，以及对待入党的态度和决心等，并有针对性地对其进行了教育和引导。谈话中，该同志能联系自己的思想实际，态度诚恳，充满了对党的感情。通过谈话，并结合审阅其入党材料和平常了解，我认为该同志思想作风正派，入党动机端正，对党的认识正确，对组织和同志忠诚老实，具有较高的思想觉悟，有为党的事业奋斗终身的决心。另外，该同志学习认真刻苦，成绩优异，在学习和工作中能起到了先锋模范作用。综合以上情况，我认为×××同志已基本具备党员条件，可以接收为预备党员。 谈话人单位、职务或职业 ×××× 签名或盖章 ×××　　××××年××月××日

总支部审查（审批）意见
注：党总支填写 经党总支委员会讨论，认为×××同志基本具备党员条件，入党手续完备，同意接收为预备党员，报院党委审批。 总支部名称 （盖章） 总支部书记签名或盖章______×××______ ××××年××月××日
基层党委审批意见
基层党委盖章 （盖章） 党委书记签名或盖章______×××______ ××××年××月××日

支部大会通过预备党员能否转为正式党员的决议
支部大会于×年×月×日讨论了×××同志的转正申请。经支部大会讨论，认为×××同志在预备期间，能认真履行党员义务，按照党员标准严格要求自己，重视政治理论学习，工作认真负责，乐于奉献，敢于攻坚克难，发挥了一个共产党员应有的先锋模范作用。大会认为×××同志已具备党员条件，同意按期转为正式党员。 支部大会应到有表决权的党员×人，实到会×人。大会采取无记名投票的方式进行了表决。表决结果：×人赞成，×人反对，×人弃权。 支部名称××学院××支部　　支部书记签名或盖章 ××× ××××年××月××日
总支部审查（审批）意见
注：党总支填写 经总支部委员会讨论，认为×××同志已具备党员条件，同意其按期转为中共正式党员，报院党委审批。 总支部名称（盖章）　　总支部书记签名或盖章 ××× ××××年××月××日
基层党委审批意见
基层党委盖章　　党委书记签名或盖章＿＿＿＿ ××××年××月××日

支部大会通过延长预备期的党员能否转为正式党员的决议
注：按期转正的党员不填写此页内容！ 支部大会于×年×月×日讨论了×××同志的转正申请。经支部大会讨论，认为×××同志在延长预备期期间，能正确认识自身存在的不足，不断提高自身修养，能按照党员标准严格要求自己，重视政治理论学习，学习认真，工作负责，发挥了一个共产党员应有的作用。大会认为×××同志已具备党员条件，同意转为正式党员。 支部大会应到有表决权的党员×人，实到会×人。大会采取无记名投票的方式进行了表决。表决结果：×人赞成，×人反对，×人弃权。 支部名称××党支部　　支部书记签名或盖章　××× ××××年××月××日
总支部审查（审批）意见
注：按期转正的党员不填写此页内容！ 经总支部委员会讨论，认为×××同志已具备党员条件，同意其转为中共正式党员，报上级党委审批。 总支部名称（盖章）　　总支部书记签名或盖章　××× ××××年××月××日
基层党委审批意见
  基层党委盖章　　党委书记签名或盖章＿＿＿＿ ××××年××月××　日

后 记

华西的银杏叶黄了又绿，绿了又黄，不知不觉从事医院党务工作已15载。“半老半新”的我开始不止满足于政策是什么，工作怎么干，更多地想要深入探究为什么以及怎么干好，以及如何使党务工作有质量、党员群众真正有获得感。“半老半新”的我既渴望能有高级别、高质量、高水平的专业培训，帮助解答我工作中的疑难困惑和“十万个为什么”，也开始作为专家培训帮助同行党务工作者和基层医院开展党建工作。“半老半新”的我自认为熟悉公立医院党建工作政策和方法，积累了一定的知识储备，但从写作到完成，深感自己才疏学浅和能力不足，对政策和工作的悟深悟透、融会贯通甚有差距，文中疏漏在所难免，敬请各位同仁批评指正。

真诚感谢我的团队，何其幸运在一生中最美好的年华与你们相遇，他们是：郭佳、白雪、李锴科、吴依西、袁永庆、廖冬琼、张星霞、杜馥宇、刘富鹏。党务工作杂而不显、苦而重责、难而繁重。还清晰记得“不忘初心、牢记使命”主题教育得到中央指导组的肯定，党史学习教育“追光计划”获得学习强国等主流媒体的报道；清晰记得新冠肺炎疫情防控中党旗飘扬、党员争先的镜头，“政治生日”的激励，专项党费慰问的温暖，历次重大应急突发事件中手拉手的辛勤足迹；清晰记得数易其稿的全国党建工作标杆院系、全国党建工作标杆支部、高校“双带头人”教师党支部书记工作室申报材料的倍感压力和熬夜苦战；清晰记得学而时习、党建研究、党支部和党支部委员考核、党员材料话初心故事等一次次创新工作背后的艰辛探索与埋头苦干；清晰记得中央巡视、大型医院巡查、校内巡察等重要工作中为华西团队荣誉而战的拼搏奋斗。所有的体悟都让我加深对“走得快，一个人；走得远，一群人”的理解，感谢团队的坚持坚守、理解包容和守望相助。尽管书中存在诸多不足，但我们愿意担当党建工作共同提升的责任，把工作中的丝丝感悟与同行交流分享，也将补足短板、不断改进、止于至善。

真情感激四川大学和四川大学华西医院对我的培养，扎根成长、风雨与共，使我从稚嫩走向成熟。感谢全院107个党支部、449名党支部委员、316名党小组组长、6 347名党员和10 000余名员工对部门工作的支持。感谢我的领导郑尚维教授、敬静教授、张伟教授、黄勇教授、程永忠教授、罗凤鸣教授，感谢你们对我们工作的前瞻指导、资源全力投入、错误包容理解，所有的点点滴滴将成为我最珍贵的回忆。感谢我的前任——现任后勤党总支书记和人力资源部部长余淳打下的深厚工作基础。我特别要感谢新华文轩出版传媒股份有限公司和四川科学技术出版社社长程佳月、编辑何晓霞对本书出版过程中不厌其烦修改的理解和出版工作的鼎力支持！

真心感恩我的家人，肯定我一心为公、青春奋斗，尊重我执着追求、深情投入，放飞我潜心工作、不问琐事。感谢父母无怨无悔的付出，感谢丈夫的无限支持体谅，感谢青春期儿子从怒怼不理解到以自我管理实际行动的支持。感恩你们，你们永远是我一生中最坚强的后盾和最温暖的倚靠！

太多人、太多事、太多回忆值得我眷恋和感谢。几句感谢挂一漏万，道不出我心中的真情！不忘初心，方得始终。党建工作永无止境，携手同行，笑对未来！

姜洁

2021 年 12 月